《国学经典文库》丛书编委会◎编著

国学经典

刘备

蜀汉昭烈帝

中国出版集团 现代出版社

图书在版编目（CIP）数据

蜀汉昭烈帝刘备 /《国学经典文库》丛书编委会编著
. -- 北京 : 现代出版社 , 2018.1
ISBN 978-7-5143-6735-5

Ⅰ . ①蜀… Ⅱ . ①国… Ⅲ . ①刘备（161–223）–传记 Ⅳ . ① K827=362

中国版本图书馆 CIP 数据核字（2018）第 000639 号

蜀汉昭烈帝刘备

作　　者	《国学经典文库》丛书编委会
责任编辑	李　鹏
出版发行	现代出版社
通讯地址	北京市安定门外安华里 504 号
邮政编码	100011
电　　话	010–64267325　64245264（传真）
网　　址	www.1980xd.com
电子邮箱	xiandai@vip.sina.com
印　　刷	天津文林印务有限公司
开　　本	710mm × 1000mm　1/16
印　　张	16
版　　次	2018 年 8 月第 1 版　2018 年 8 月第 1 次印刷
书　　号	ISBN 978-7-5143-6735-5
定　　价	39.80 元

天朝史鉴

——历史说帝王

在五千多年的人类文明历史长河中，中华文明是一个伟大的奇迹。

从公元前221年开始，中国就以一个统一的多民族集权帝制国家屹立在世界的东方。在以后漫长的两千多年，中国一直是当时世界上最发达的国家之一，并有着几段辉煌时期，包括汉朝、隋唐、元朝和早清时期。中国在公元13世纪达到顶峰，成为当时世界上最繁荣的文化及贸易中心，以指南针、造纸术、印刷术、火药为首的众多发明对世界的历史与科技发展有重要贡献，并拥有发达的农业及手工业。

拿破仑曾经对英国外交家阿美士德说过：“中国是一头沉睡的狮子，一旦被惊醒，世界将为之震动。”拿破仑一生纵横欧洲，数次把多国联军踩在脚下，如此叱咤风云的人物为什么会对当时的中国有这样的论断，他的根据从何而来？

翻开世界近代史，我们会发现，拿破仑所处的时代，曾经拥有优秀远古文明的区域大多四分五裂，各自为政，欧洲如此，非洲也如此；而拥有广袤土地的大国又大多没有久远的文明，俄罗斯如此，美国亦然；真正能将久远的文明和辽阔的疆域结合在一起的，仍然只有中国。拿破仑一直试图统一欧洲，因为他深知：只有将文明的力量与辽阔的疆域结合，才能造就伟大的帝国。

纵观中国五千年的历史，我们可以得出这样的结论：中国的文明能够这样伟大，中国的力量能够这样让人不敢轻视，一直以一个大一统的国家形式存在是至关重要的决定性因素。

封建社会时期的中国，一直都以一个大帝国的姿态屹立在世界东方。秦汉时期，中国把匈奴赶到西方，引发了欧洲的一系列大动荡；唐朝时期，中国把突厥赶到西北，又引发了中亚和东欧的动荡。

秦始皇，无疑是这个大帝国的最初缔造者，也就是开国皇帝。正是由于他的君临，才奠定了整个中华民族大一统的所有基础。

在中国的历史上，公元前 221 年是真实意义上的帝国元年。“千古一帝”秦始皇一统天下，废分封，设郡县，同文、同律、同衡、同轨，修驰道，筑长城，大一统的中华帝国有了一颗“统一的心”。从此，中国人以高度的政治智慧与独特的文化内涵，把“大一统思想”作为整个社会和个人的至高理想永恒地留在了所有中国人的血液中。

中国“皇帝”的称谓由秦始皇开始，他叫“秦始皇”，就是希望大秦帝国会有接下来的二世、三世，直至千万世这般永远传承下去。这一点，虽然秦始皇的子孙没有做到，但从另一个意义上讲，中国后来所有坐拥江山的皇帝何尝不是秦始皇的继承者？

史家有个说法叫“汉承秦制”，意思就是刘邦建立汉朝之后，继承和发展了秦朝的大一统制度，从这个意义上来说，刘邦才是秦始皇的第一个继承者。秦末天下大乱，项羽首先在争夺天下的霸业中胜出，但遗憾的是项羽根本没有建立一个中央政权的意识，而是把诸侯全部分封到各自的领地，他的做法实际上是要让中国再次回到战国时代的大分裂中去，这无疑相当于一种历史的倒退，所以最后他败给刘邦也就不足为奇了。从这个角度来说，与其说是刘邦战胜了项羽，不如说是统一战胜了分裂。

楚汉争霸，也开创了帝国的另外一个游戏规则：就是皇帝轮流坐，英雄不问出处。完美地解决了帝国内部改朝换代的“正统性”问题，在一定程度上保证了最有能力的人成为开国皇帝，带领帝国一次又一次走向辉煌。

汉武帝即位之后，“罢黜百家，独尊儒术”，又为日后中国两千余年的统一打下坚实的思想基础，儒家思想中的“三纲”和“五常”都有力地促进了“大一统”思想在百姓心中扎根。“英雄风流不尽数，刀马所至皆汉土”。汉武帝北击匈奴，南平两越，西通西域，奠定了现代中国辽阔疆域的初步基础，他又大力提倡中西交流，数次派人出使西域，促进了民族融合，中华民族也开始有了广泛的世界影响，汉文化圈开始形成。

“天下大势，合久必分，分久必合”。东汉末年，中国大一统的格局第一次长时间地分裂。也正是这次分裂，唤醒了中华民族强烈的统一意识。

曹操年轻时，曾得当时名士许劭“治世之能臣，乱世之奸雄”的评价。曹操统一北方之后，权势已经到了人臣至极，但他却没有称帝，究其原因，正是深受维护正统的观念影响。随后他又立即率领大军南征，尽管最后功败垂成，但是他在北方实行的诸多政策都为日后的晋朝奠定了深厚的基础。西晋武帝再次统一中国，最大的功劳当属曹操。在维护统一这一点上，曹操不愧为历史上最伟大的政治家之一。

三国时期是一个英雄辈出的时代，刘备以其独特的人格魅力成为中国历史上最有人缘的平民皇帝。刘备本人即是汉朝宗室，又仁慈爱民，所以在东汉之末的乱世中是人心所向。他也正是凭借着这两个条件，从一个一无所有的卖草席之人变成蜀汉的开国君主，他的一生也都在为了再次统一天下兴复汉朝而努力，由于时代所限，他也没有成功，但他建立的蜀汉却在开发西南、促进民族融合方面作出很大贡献。刘备能够三分天下得其一，很大程度是沾了“正统”的光，而正统的本质就是统一。

历史进入唐朝，唐太宗李世民将这个古老的大帝国推向了辉煌的巅峰。中国历代皇帝中，唐太宗是极少数上马善打天下、下马能治天下的英主。他在位期间，居安思危，任用贤良，虚怀纳谏，实行轻徭薄赋、疏缓刑罚的政策，并且进行了一系列政治、军事改革，终于促成了社会安定、生产发展的升平景象，对周边少数民族，他实行开明政策，安抚首领，鼓励民间交流，被尊为“天可汗”。

千百年来，李世民开创的“贞观之治”一直是人们备加推崇的封建社会治世榜样，他本人也成为后世帝王竞相效仿的一代名君。在他的治理之下，中国对世界的影响也达到一个前所未有的高度。

同李世民的出类拔萃相比，武则天可谓丝毫不逊色。她以女儿之身，在封建社会男尊女卑的大环境下可以坐上皇位，让天下所有男人俯首称臣，本身就是一件绝非常人能及之事。政治上，她上承“贞观之治”，注重富国安民，她的夺权过程虽然残酷，但百姓生活却不仅没有受到什么影响，反而更加富足，这就为后面的“开元盛世”奠定了坚实的基础。

在中华民族的大舞台上，宋太祖赵匡胤的出彩之处更多地集中在制度的完善上。宋朝之前的大一统政权，无论是汉朝还是唐朝，都在后期饱受地方势力作乱的困扰，原因就是地方势力拥有军队，可以很轻易地对中央政府产生威胁。宋太祖登上皇位之后，第一个动作就是使用怀柔手段削去大将的兵权，使军队全部掌握在皇帝手中，彻底杜绝地方势力叛乱的可能性。同时，宋太祖还是个重视文化的皇帝，宋朝经济的繁荣和文化昌明也为前朝所罕见。

经历了南宋与辽、金、西夏并列的分裂局面之后，以成吉思汗为首的蒙古人再次统一了中国。成吉思汗天生就是一个战争之王，他的一生从头到尾都在战争中度过，中原、漠北、西域、中亚都留下了他征服的足迹。成吉思汗也理所当然地成为对世界影响深远的中国皇帝之一。

明朝时期的中国，仍旧是大一统的局面，朱元璋统一帝国之后，撤销丞相一职，又大开杀戒，几乎将开国功臣斩尽杀绝，此外又开设锦衣卫，监视大臣及百姓言行，封建皇权在他的手中发展到一个新的巅峰，无论中央还是地方，都再也没有权势能与皇帝抗衡的大臣。

清朝由女真人建立，这也是少数民族第二次统一中国，而大清王朝中最雄才大略的皇帝当属康熙帝。康熙采取了一系列有利于国计民生的政策，使耕地的面积迅速扩大，粮食产量有所提高，经济作物也被广泛种植，最终促进了农业经济的发展，奠定了“康乾盛世”的基础。康熙又平定准噶尔叛乱，又和沙俄签订《尼布楚条约》，有效抵抗了沙俄对东北地区的侵略。康熙时期是中国历史上又一个巅峰，但是由于故步自封，中国已经跟不上世界发展的脚步，近两千年的帝国在最后的回光返照中走向没落。

中国的封建专制制度发展到雍正时期，君主集权达到最高峰。雍正的即位过程可谓将中国古代的太子夺权斗争发挥得淋漓尽致，他即位之后，规定以后的皇帝必须把继承人的名字写成诏书封存，这就从根本上解决了皇室继承人纷争的问题。雍正又设军机处，作为皇帝的秘书班子，为皇帝出主意、写文件、理政务，“军国大计，罔不总揽”。雍正对经济发展的贡献也不容忽视，正是由于他在中间的拨乱反正，使得康熙的一些有效政策得以延续，也使得康熙开创出的盛世局面可以延续。

雍正之子乾隆是“康乾盛世”的收官者。乾隆在位六十年，前期，他政治颇为清明，在康熙、雍正两朝的基础上，将“康乾盛世”局面推向了顶峰。到了执政后期，乾隆开始穷兵黩武，将清政府积累下来的上百年家底挥霍一空，对外又实行闭关锁国的政策，进一步耽误了中国与世界的同步发展，时有英国人形容清朝为“一艘破烂不堪的头等战舰”，从这种意义上讲，乾隆也是整个中华帝国的收官者。

……

英国女王伊丽莎白直言不讳地说：西方之所以长久以来对中国心存疑虑，就是因为中国一直是一个统一的大国。

“统一”是打开中华文明唯一的钥匙。从公元前 221 年秦始皇统一中国后，中国的地方政权就再也没有办法在政治上取代中央的地位，无论是后世的哪一个封建君主，争取统一或者维护统一都是他没法抵挡的诱惑，也是他无法摆脱的宿命。一国不容二主的观念在这块土地上是如此地深入人心，真正成为中国人的民族基因，也是中华民族能够傲立世界的真正原因。

何君于北京

2006 年 12 月 9 日

前　言

——最有人缘的平民皇帝

刘备是继他的先祖刘邦之后，第二个以平民身份建立帝国的皇帝。

刘备，字玄德，涿郡人，汉景帝之子中山靖王刘胜的后代，属于汉朝皇族的远支。他自幼家贫，以贩鞋织席为业。在东汉末年诸侯割据中，起初无自己的地盘，先后投靠过公孙瓒、陶谦、曹操、袁绍、刘表，后在荆州三顾茅庐，请诸葛亮出山辅助。赤壁之战中，联合孙权打败曹操，奠定了三分天下的基础。以后刘备又进兵益州，夺取汉中，建立了横跨荆益两州的政权。公元221年，刘备在成都称帝，国号汉，史称蜀或蜀汉，年号章武。第二年，为报吴国夺荆州及杀关羽之仇，刘备发动了对孙吴的进攻，在夷陵之战中被吴将陆逊击败，逃回白帝城，将蜀汉及后主刘禅托于诸葛亮，不久病殁。

纵观刘备的一生，我们可以发现，刘备在中国历史上的众多帝王中，是很特殊的一位。在建功立业方面，刘备远远不及他的先祖刘邦和汉武帝，但他在历史上的影响力却丝毫不逊于两位先祖，尤其是在民间的口碑甚好，堪称是中国历史上“最有人缘的平民皇帝”。

在英雄辈出的三国时代，曹操靠祖父曹腾为权宦的条件很早就在政坛上崭露头角，加上自己非凡的才干，很快就站稳了脚跟，掌握了天下的大势。袁绍和袁术兄弟靠的是四世三公的门阀，由于祖上的功德，积累了丰富的政治资源，所以在争霸开始实力最为雄厚。其他的很多人，大多是祖先留下了雄厚的根基，如孙权，他的基业是父亲孙坚和兄长孙策打下来的。刘表为“八俊”之一，很早就成了知名人物。只有刘备，除了是传说的“中山靖王刘胜之后”与头顶“皇叔”的帽子之外，几乎没有任何资本。刘备要想在乱世中站稳脚跟都不容易，更别提加入逐鹿之争了。

有鉴于此，刘备最后的成功就更难能可贵，也更值得我们称道。综观古今，能成就一番事业者，必有过人之处，刘备尤其如此。

刘备的过人之处，首先就是百折不挠的精神。他做徐州牧之后，为对抗袁术，不得不投靠吕布；吕布无才无德，他又投靠曹操讨伐吕布；曹操将他看成最危险的敌人，他不得不再次转投袁绍帐下；袁绍官渡战败，他只能转依刘表。赤壁之战中，孙、刘联军取得胜利，刘备虽然享得战果，却也从此受制于东吴。但就是这样一直处于不利的境地，他也从来没有放弃过希望，最终在诸葛亮、庞统等人的辅佐之下，取得巴蜀以为根基，后自立为蜀汉皇帝。

刘备的另一个过人之处是他的用人之道，关张结义、孔明鞠躬尽瘁、法正兢兢业业……刘备创造了历史上“君臣和谐”的典范。刘备用人的独到之处，首先是有容人之量。无论诸葛亮还是庞统，能力都远胜于刘备，刘备却不但能容，而且能用，并且充满信任，充分授权。这就使得这些人才的才华得到最大限度的施展，也对他创业的成功起了决定性的作用。

曹操有非凡之能，但给人的印象则是“奸”。孙权也非凡品，但生性多疑，给人的印象是“猜”，刘备则忠厚老实，以“仁”立世。

孔孟的政治主张强调“德治”，强调“仁政”，告诫统治者要“以德服人”，要用自己的人品、高尚的道德来影响臣民，征服百姓。无天时地利的刘备，以人和争天下。刘备在天下大乱时所表现出的得人心、受尊敬的政治品格，是中国传统政治理念的体现，他是老百姓心目中最理想的君主。刘备临终时仍不忘留下遗诏告诫刘禅：“勿以恶小而为之，勿以善小而不为。惟贤惟德，能服于人。”正是这个“惟贤惟德，能服于人”的基本政治理念，铸成了刘备一生受人敬重的政治品格，也使他成了历史上最有人缘的平民皇帝。

红　钊

2006 年 7 月 18 日

本书阅

刘备在天下大乱时所表现出的得人心、受尊敬的政治品格，是中国传统政治理念的体现，他是老百姓心目中最理想的君主。刘备临终时仍不忘留下遗诏告诫刘禅："勿以恶小而为之，勿以善小而不为。"

刘备，字玄德，涿郡人，汉景帝之子中山靖王刘胜的后代，属于汉朝皇族的远支。他自幼家贫，以贩鞋织席为业。在东汉末年诸侯割据中，起初无自己的地盘，先后投靠过公孙瓒、陶谦、曹操、袁绍、刘表，后在荆州三顾茅庐，请诸葛亮出山辅助。

经过反复实验，专家论证，所选色彩均匀、柔和，不仅娱悦视觉，而且还会保护读者眼睛。足使读者在取得视觉效果的前提下，获得精神的愉悦。

第三章 好运气终于来了

第一节　依附刘表

刘表是刘备的远房兄弟，同样是汉室宗亲。因此，当袁绍在官渡之战中大败后，走投无路的刘备投奔了刘表。后来形势的发展证明刘备这次选择的落脚点是正确的，因为他从此就得到了自己的根据地——荆州。

初平元年（190），刘表被拜为荆州刺史。他首先剿除宗贼，收其部曲，又招降占领襄阳的强盗，控制了南郡，其他各郡望风归附。刘表为了安抚盘踞南阳的后将军袁术，荐袁术为南阳太守。但是袁术觊觎荆州，于公元191年派破虏将军孙坚进攻刘表，但被刘表打败，孙坚战死，袁术逃往扬州。刘表威名大震，车骑将军李傕以刘表为镇南将军、荆州牧。公元197年，刘表又击败入寇南阳的骠骑将军张济，张济病死。刘表招抚张济余部，让其屯驻南阳。公元198年，长沙太守张羡谋划零陵、桂阳两郡反叛，刘表将其击败，完全掌握了整个荆州，军队扩充到十余万。在当时战乱频仍的天下，荆州算得上是乱世中的一方净土。

读　指　导

三国时期是一个英雄辈出的时代，刘备以其独特的人格魅力成为中国历史上最有人缘的平民皇帝。刘备既是汉朝宗室，又仁慈爱民，所以在东汉之末的乱世中是人心所向。他也正是凭借着这两个条件，从一个一无所有的卖草席之人变成蜀汉的开国君主，他的一生也都在为了再次统一天下兴复汉朝而努力，由于时代所限，他没有成功，但他建立的蜀汉却在开发西南、促进民族融合方面作出很大贡献。刘备能够三分天下得其一，很大程度上是沾了“正统”的光，而正统的本质就是统一。

| 43 | **第三章** 好运气终于来了

《后汉书·刘表传》中对此的描述是：

> 初，荆州人情好扰，加四方骇震，寇贼相扇，处处麋沸。表招诱有方，威怀兼洽，其奸猾宿贼更为效用，万里肃清，大小咸悦而服之。关西、兖、豫学士归者盖有千数，表安慰赈赡，皆得资全。遂起立学校，博求儒术，綦毋闿、宋忠等撰立五经章句，谓之后定。爱民养士，从容自保。

刘备早期的谋士孙乾说：“刘表坐镇九郡，兵强粮足，更与您是汉室宗亲，为什么不去投靠他呢?”

刘备说：“就怕他不容我。”

孙乾说：“我愿意先去说服他，让刘表出境而迎主公。”刘备特别高兴，便令孙乾星夜往荆州。

孙乾到达荆州，见了刘表说：“刘备是天下英雄，虽然兵微将寡，而他志向在匡扶社稷。汝南刘辟和龚都与刘备一直都是非亲非故的，他们也以死相报。您与刘备，同为汉室之后，现在刘备新败，本来想去江东投孙权，我对他说：‘不可背亲而向疏。荆州刘将军礼贤下士，何况又是同宗。’因此刘备特派我来拜见您，听候您的定夺。”

荆州城楼

以图释文，视觉效果明显。在注重美感的前提下，着重文图切合，确保文图传神。

目　录

第一章 皇叔刘备

第一节 枭雄的本钱

东汉末年，群雄并起，其中每个人都有自己的资本。曹操靠自己祖父曹腾为权宦的条件很早就在政坛上崭露头角，加上自己非凡的才干，很快就站稳了脚跟，掌握了天下的大势；袁绍和袁术兄弟靠的是四世三公的门阀，由于祖上的功德，积累了丰富的政治资源，所以在争霸初始时实力最为雄厚；其他的很多人，要么是祖先留下了雄厚的财产，如孙权，他的基业是父亲孙坚和兄长孙策打下来的；孔融自幼聪颖过人，名震天下；刘表为“八俊”之一，很早就成了知名人物。而刘备的本钱是什么呢？

《三国志》生动地记载了刘备的生平，从中我们可以看到这位乱世豪杰的一些经历。刘备字玄德，涿郡涿县（今河北涿州市）人，是汉景帝之子中山靖王刘胜的后代。刘胜的儿子刘贞在汉武帝时被封为涿县陆城亭侯，后在宗庙祭祀中因献金助祭不合规格，触犯律令，被削去爵位，于是世代就在涿县安家。刘备的祖父、父亲都曾经在州郡为官。但由于父亲早逝，家业逐渐衰落，刘备也就成为最底层的平民百姓。

由于年少丧父，家境贫寒，刘备不得不从小跟随母亲靠贩草鞋、织苇席为生。他家的屋旁有棵大桑树，枝叶繁茂，从远处看去就像皇帝乘坐的华车的车盖。刘备小时候跟同龄的小孩儿在树下玩耍，并对伙伴说："我将来一定要乘上有真正篷盖的天子之车。"吓得他叔父急忙训斥他不要胡说，这可是灭门之罪。

刘备 15 岁时，奉母亲之命外出游学，拜同郡人、原九江太守卢植为师。卢植是当时的大儒，学问精深。但刘备对读书做学问的兴趣不大。《三国志》中说他"不甚乐读书，喜狗马、音乐、美衣服"。他身高七尺五寸，垂手过膝，回头能看到自己的耳轮。平时少言寡语，善待下人，喜怒不形于色，好交结豪侠之士，因此，许多少年争相归附他，同族人称他"非常人也"。可见，年少清贫使得刘备没有纨绔子弟的坏习气，反而培养了他的胸怀和志向。其中善于待人、喜欢结交的品格，对他后来的事业起到了重要的作用。

卢　植

三国时期，几乎可以说，没有哪位英雄能在品格上和刘备争个高下。在所有人中，刘备是最孚众望、最得人心者，也是最符合中国传统的政治思想理念的政

刘 备

治家。作为一代豪杰，刘备不是如《三国演义》所描写的那样温文尔雅、形同儒生，而是很有勇力、血气方刚之人。他借参与镇压黄巾起义而崭露头角，因为作战十分勇敢而多次立下战功，在危难之际，表现出了非凡的应变之才。在一次战斗中，他不幸受伤，为了逃过敌人的杀戮，他装成死人，终于从敌人的眼皮底下逃过劫难。战争结束，他因为“有武勇”“有军功”而被任命为安喜尉。

刘备最吸引人的是他的为人和品格方面。东汉末年，国家动乱，百姓处于水深火热之中，田园荒芜，衣食无着。刘备担任平原相时，把府中财物施舍给百姓，帮助他们度过饥荒，而他自己则在府里跟手下人同席同食，从来不摆架子。结果得到了当地百姓的拥戴，大家都归附他、爱戴他，起事之初就很得人心。当时有个叫刘平的富室一向看不起刘备，不甘心受刘备管治，于是，买通了一个刺客去行刺刘备，刘备毫不知情，对其热情款待，刺客深受感动，不忍下手，于是将来意告诉刘备，作别而去。这一点，和春秋时期晋国的名臣赵盾的故事如出一辙。

刘备刚开始起事的时候，手下只有一千多人，之后有几千饥民投靠，实力很小，官职只是个平原相，位卑言轻，在各大诸侯面前，还没有说话的余地。但他靠仁德为自己树立了威信，获得了好的名声。公元 196 年，徐州牧陶谦病重，对其别驾麋竺说："非刘备不能安此州也。"后麋竺率人迎请刘备，刘备不肯接受。徐州所属官员陈登、孔融继续劝说，强调现在百姓拥戴贤能之主，徐州殷富，有人口百万，据此既可扶助朝廷，又可济世安民，刘备才同意接任。陈登等将此报告给当时最大的割据势力袁绍，袁绍回书表示赞成，说："刘备弘雅有信义，今徐州乐戴之，诚孚所望也。"不久，袁术、吕布相继前来攻夺徐州，刘备被吕布赶走，开始了颠沛流离的生涯。

尽管刘备既没有兵力，也没有地盘，但所到之处均深受礼遇和尊敬。他被吕布打败后投靠曹操，曹操对他很是优待，举荐他为豫州牧，帮助他反击吕布。在吕布势力被消灭后，曹操又表荐刘备为左将军，"礼之愈重，出则同舆，坐则同席"。在一次酒席间闲谈时，曹操对刘备说："今天下英雄，惟使君与操耳。本初之徒，不足数也。"曹操识见过人，他如此敬重刘备、称赞刘备，主要在于刘备既有雄才又深得人心。曹操的谋士程昱说："观刘备有雄才而甚得众心，终不为人下，不如早图之。"曹操却不敢轻举妄动，他也知道刘备是个潜在的对手，但刘备的名声很大，而当时曹操刚打起挟天子以令诸侯的旗号，势力和袁绍等比起来还远远不够，如果杀了有仁德之名的刘备，他就会成为众矢之的，"杀一人而失天下之心"，可能会导致离心离德，这是曹操不能做的。因此，说到曹操不杀刘备，实际上是刘备的品格救了他自己。不久曹操派刘备去阻击袁术，程昱、郭嘉都说："刘备不可纵。"曹操很后悔，已追之不及。

刘备借着这个机会从曹操那里逃出，袭杀了徐州刺史车胄，屯兵于沛（今江苏沛县），开始打起自己的旗号，与曹操分道扬镳。此时正是袁、曹官渡之战前夜，但曹操仍决定进击刘备。诸将都说："现在与主公争天下的是袁绍，如今袁绍已引兵前来，却东征刘备，假若袁绍乘虚而入，那怎么办?”曹操说:“夫刘备,人杰也,今不击,必为后患。袁绍虽有大志,而见事迟,必不动也。”于是亲自引兵攻击刘备,刘备不得已又投奔袁绍。

袁 绍

听说刘备前来投靠自己,袁绍非常高兴,他一面遣将沿途迎奉,一面亲自离邺城二百里,去跟刘备相见。袁绍在当时势力最为强大,他如此屈驾迎接刘备,主要也是刘备的德行、品格在起作用。官渡之战后,曹操又亲自向驻兵汝南一带的刘备发动进攻,刘备转而投奔荆州刘表。

刘表是当时南方最大的势力,听说刘备前来,也出郊欢迎,待以上宾之礼。接着又给刘备增加兵力,派他屯居新野,阻击曹军进攻。刘备的品格使得他有极强的凝聚力,在他的感召下,许多荆州豪杰争相归附。刘表这才对刘备起了疑心,暗中防备,不敢予以重用。尽管如此,他对刘备仍然十分敬重,待遇也十分丰厚,而且一收留就是七年。对此,刘备是深为感激的。当曹操南下,刘琮背着刘备派人至新野向曹操投降,刘备处境十分危急之时,他没有乘刘表刚亡故、刘琮刚即位即降曹这个机会,夺取荆州。当时刘备从樊城撤退经过襄阳时,诸葛亮劝刘备攻刘

琮，得荆州，刘备说：“吾不忍也。”只是停下马来呼唤刘琮，刘琮吓得低着头站不起身来。随后，刘备又去刘表墓地，拜辞哭别。

据史书记载，刘表临终时曾将荆州托付刘备，刘备没有接受，他对诸葛亮等人说：“此人待我厚，今从其言，人必以我为薄，所不忍也。”对他来说，当时是取荆州而据之的最佳时期。但如果这样做了，他多年打下的基业也就毁于一旦。没有了品格感召力的刘备，即使得到了一块栖身之地，但如同毁掉了金字招牌一样，难有大的作为。因此，尽管荆州对刘备来说已由诸葛亮定为争霸图强的首要目标，但他也决不在违背信义的情况下图取。在品格和实力面前，他只能选择前者。因为他和曹操、孙权等人相比，只有这一点是能超过他们的，放弃了这一优势，他就只能任人宰割了，即使得到了荆州，也迟早会失去。所以，刘备的这一决定充分显示了他的真正魅力。

依附刘表这段时间，刘备虽然无权无势，但他靠自己的人品征服了荆州百姓。当他由樊城经襄阳向江陵撤走时，“（刘）琮左右及荆州人多归先主。比到当阳，众十余万，辎重数千辆，日行十余里。”部下劝刘备尽快前进，占有江陵，说现在相随的人众虽多，但能作战的士兵少，如若曹操兵马追来，怎么挡得住？刘备说："夫济大事必以人为本，今人归吾，吾何忍弃去！"他坚决跟十余万民众一起走，尽管这样做有可能被曹操追上，也决不遗弃百姓。

结果，由于跟随的民众太多，部队行进缓慢，刘备终于被曹操赶上，遭受重大挫折，夫人死了，刚满周岁的儿子阿斗也差点失去，只剩下数十骑斜趋汉津，正好遇到关羽的船队，才幸免于难，得以由汉江至夏口。刘备尽管付出了巨大的代价，表面上一时失利，却为后来争取民心、取得主动积累了更多的资本。对此，东晋著名学者习凿齿在《汉晋春秋》中给予了刘备极高的评价："先主虽颠沛险难而信义愈明，势逼事危而言不失道……其终济大业，不亦宜乎！"

刘备的仁德品格给他带来了成大事者必不可少的凝聚力。不久，被曹操打散的部队很快又集结到他的身边，参加了赤壁之战。赤壁之战后，已归顺曹操的很多刘表的部下又纷纷投奔刘备，短时间之内，刘备的势力迅速崛起，天下形成了三国鼎足之势。

刘备墓

蜀汉章武三年（223）四月，刘备病死，终年62岁。死前，他还留下遗诏给太子刘禅说："我起初患了痢疾，又转发其他病症，大概已经没有再活下去的希望了。人活到五十岁而死，就不算短命；我已经六十多岁了，还有什么要感到遗憾的呢？我放心不下的，只是你们兄弟几个。有人告诉我，说丞相称赞你的智慧及度量很有进步，若果真如此，我还有什么可以忧虑的！你要好好自勉！自勉！凡是坏事，不能认为小就去做；凡是好事，不能认为小就不去做。只有贤德之人，才能让人心服。你父亲德行浅薄，没有可值得效法之处。你可以阅读《汉书》《礼记》，空闲时分，还必须阅读诸子百家的书以及《六韬》《商君书》，这些书能使你的智慧和见识增长。又听说丞相已经为你把《申子》《韩非子》《管子》和《六韬》抄写了一遍，还没有到达你们手中，就在路上丢失了。你可以再好好向他请教。”

刘备临死前对儿子的嘱托具有深远的意味，他希望自己生前没有实现的想法能够在刘禅在位时成为现实。为此他谆谆教导刘禅如何做一个贤明的、有才干的君主，延伸自己的仁爱思想。这是他一生经验的总结，也是刘备全部政治权智精华的浓缩。

三国三巨头有着鲜明的品格特点。曹操有非凡之能，但给人的印象是“奸”；孙权也非凡人，但生性多疑，给人的印象是“猜”；三人中，刘备的基础最为薄弱，能力也最低，但在品格上，他远远超过曹、孙二人，那就是他的“仁”。他重百姓、讲仁德、守信义，没有这些，他是绝对不可能成功的。

第二节 三辞徐州

刘备的权力来自于不断地揽取他人的权力，主要是地域控制权的揽取。他不愿意表露出对地域控制的欲望，而是等待时机，先做好舆论方面的工作，借他人之口达到自己的目的。对于还不成熟的机会，他宁愿暂时放弃，在徐州的谋夺上，刘备就施展了欲擒故纵之法。

初平四年（193），割据兖州的曹操派遣泰山太守应劭往琅邪迎其父曹嵩及家人百余口到兖州。途经徐州时，徐州牧陶谦为交好曹操特派都尉张闿送曹嵩一行。不料张闿杀死曹嵩及其家人，席卷财物而去。于是曹操便把账记在陶谦身上，以为父报仇为名，发兵攻徐州。

陶谦面对兵临徐州城下的曹操大军，自知难以抵挡，便采纳别驾糜竺的建议，请北海相孔融、青州刺史田楷前来相救。孔融请刘备同去救陶谦，刘备遂欣然带领关羽、张飞、赵云和数千人马奔赴徐州。

刘备率军在徐州城下与曹军于禁所部小试锋芒，初战告捷，使久被曹军围困的徐州暂时缓解了危机。于是陶谦急令将刘备迎入城内，盛宴款待。

陶谦见刘备仪表轩昂、语言豁达，心中大喜，便命糜竺取出徐州大印，让与刘备。

刘备忙问：“你这是什么意思?”

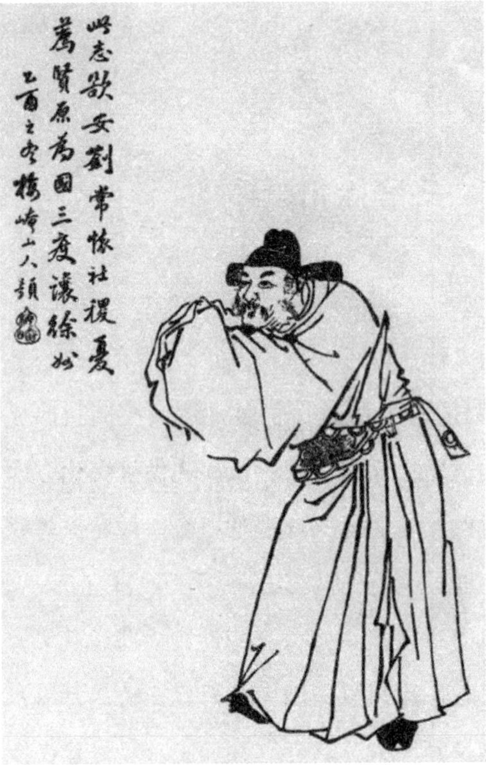

陶　谦

陶谦说："当今天下大乱，国将不国；公乃汉室宗亲，正当为国出力。老夫年迈无能，情愿将徐州相让。公勿推辞。我当自写表文，申奏朝廷。"

刘备马上离席再拜说："刘备虽是汉室后代，但功微德薄，任平原相还怕不称职。我本是为了义气前来相助，您这样说，莫非怀疑我有吞并徐州的念头？我要有此念，皇天不佑！"

陶谦说："这是老夫推心置腹之言，绝非虚情假意。"

但刘备只是推辞，终不肯接受。

麋竺见二人再三辞让，便说："现在兵临城下，且当商议退敌之策。待事平之后，再议相让不迟。"

于是刘备说："我想写信给曹操，劝其和解。曹操若不答应，再战不迟。"

曹操正在军中与诸将议事，看到徐州送来的刘备的信。信上说："备自关外得拜君颜，嗣后天各一方，不及趋侍。令尊被害，实因张闿不仁，并非陶恭祖之罪也。目今黄巾余徒，扰乱于外；董卓余党，盘踞于内。愿明公先朝廷之急，而后私仇；撤徐州之兵，以救国难，则徐州幸甚，天下幸甚！"

这封信惹怒了曹操，准备发兵攻打陶谦。恰好这时吕布攻破兖州，进占濮阳，威胁曹操后方。因而曹操便顺水推舟，卖个人情，接受刘备建议，退兵而去。

陶谦见曹军撤走，徐州转危为安，便请刘备、孔融、田楷等聚会，庆祝解围。饮宴既毕，陶谦再向刘备让徐州。刘备说：“我应孔融之约救援徐州，是为义而来。现在若无端据有徐州，天下将以为我是不义之人。”麋竺、孔融及关羽、张飞等纷纷劝刘备接替陶谦治理徐州。刘备苦苦推辞说：“诸位欲陷我于不义耶?”陶谦推让再三，见刘备终不肯受，便说：“如您必不肯受，那就请暂驻军近邑小沛，以保徐州，何如?”众人也皆劝刘备留驻小沛，刘备方同意。

不久，陶谦染病，日渐严重，便派人以商议军务为名，把刘备从小沛请到徐州。陶谦躺在病榻上对刘备说：“今番请您前来，不为别事，只因老夫病已垂危，朝夕难保；万望您以汉家城池为重，接受徐州牌印，老夫死亦瞑目矣!”刘备说：“可让您的二位公子接班。”陶谦说：“其才皆不能胜任。老夫死后，还望您多加教诲，千万不能让他们掌握州中大权。”刘备还是辞让，陶谦便以手指心而死。举哀毕，徐州军民极力表示拥戴刘备执掌州权，关羽、张飞也再三相劝。至此，刘备才同意接受徐州大权，担任徐州牧。

“三辞徐州”，是刘备过人之智的很好体现。

首先，刘备通过几次推辞，更进一步博取了仁义忠厚的名声，他越是推辞，别人就越认为他不贪图利益，更认定他是难得的领袖，他的名气就越大，凝聚力就越强，而人心就越巩固。

其次，刘备有着敏锐的政治头脑。他对于当时的形势有着清醒认识。徐州正处于四战之地，野心勃勃的曹操正虎视眈眈、兵锋相向，自不待言。邻近的诸侯如袁术、吕布、袁绍之辈都在觊觎，怀有兼并野心。这些

陈　登

都是潜在的危险。由此可见徐州并不是一颗好吃的果子，弄不好就会引火烧身。

实际上也是如此，刘备领有徐州不久，即先后受到过曹操、吕布、袁术的进攻，陶谦部下曹豹也反叛刘备而助吕布。以致刘备在徐州难以立足，最终被逐出徐州，先后依附袁绍和刘表。当然，具有重要战略地位的徐州，对于刘备来说，毕竟具有巨大的诱惑力。因而陶谦一死，在外有北海相孔融的支持、内有麋竺及徐州军民的广泛拥戴的情况下，刘备便不失时机地同意接替陶谦任徐州牧，将徐州据为己有。

陶谦的部下陈登，字元龙，下邳（今江苏省睢宁县西北）人，时任陶谦的典农校尉，是名重天下的国士。在刘备辞让徐州牧的时候，他认为刘备很不简单，曾经对功曹陈矫说："刘备雄姿杰出，有王霸的谋略，我敬重刘备。"可见刘备在他心目中，已经是一位具有"王霸之略"的杰出人物了。陶谦一死，麋竺等人决计拥戴刘备为徐州牧。考虑到自己声望、地位以及不忍乘人之危、夺人之业等原因，刘备一再辞让。陈登因而对刘备说了这么一席话："如今汉室衰败，天下混乱至极，建功立业，就在今日。徐州物产丰富，人口众多，我们是真心来请你治理州中之事的。”这些话，也是在提醒刘备，不要错过这大好的时机。当刘备提出要大家把徐州交给袁术时，陈登接着又恳切地规劝道：“袁术虽然是名门望族之后，但性格骄横，哪是治理乱世之人？先生若来主政徐州，我们可以帮你召集十万军队。有了这些军队，进可以辅助汉室，安定百姓；退可以雄踞一方，守卫疆土。”

孔融是说服刘备接受徐州牧的关键人物之一，他是“建安七子”之一、大文学家，当时任北海相。他一针见血地对刘备说：“袁术哪是一个舍身为国的人呢？他不过是坟中枯骨而已，一点也不用把他放在心上。现在老天爷把这么好的机会赐予你，错过这个机会，后悔可就来不及了！”

面对这些人的劝谏，刘备“不得不”接受徐州牧的大印，取得了这块兵家必争之地，这对于他来说至关重要，他可以在这个地方广施仁政，建立良好的声誉，即便不能在此长久，也可以扩大自己的影响力，刘备在此以稳打稳扎的本事发展了自身的势力。

徐州是陶谦经营了多年的根据地，要想据为己有，就要看看徐州将士和百姓的态度，于是刘备设计了三次辞让，每次都可以减少一批曾经反对他做徐州牧的人，经过这么三次，刘备才安心地接下徐州这个热点地区，局势的发展比刘备预料的还要好。至于刘备和吕布之间的恩怨，总体来说，双方都没有得到好处，曹操倒是从中渔利。刘备接纳吕布本身就是个错误，吕布用计占据了徐州，刘备要夺过来可能性不大，怎么办？刘备只好欲擒故纵：一方面，假意表示服从吕布的领导，实际上是麻痹吕布；另一方面，利用吕布的进攻，不断激起曹操攻伐的欲望，将战火引到曹操身上，同时也促使吕布集团内部发生分化，为彻底消灭吕布奠定基础。

第三节　都不是省油的灯

刘备前半生势力相对弱小，一直游走于强势左右，寄人篱下而又不忘自身发展壮大，这需要与不同的强权势力周旋，在夹缝中不露声色地保全自己，从而避免毁灭性的灾难。

曹　操

刘备屯兵徐州，让吕布驻扎在小沛，二人成了曹操的心腹之患，曹操担心二人同心引兵来犯。对此，荀彧给曹操献上“二虎竞食”之计：

第一步，让曹操上奏汉献帝，请求封授刘备为征东将军、宜城亭侯，领徐州牧，让一直被人斥为“织席贩履”的“村夫”的刘备有一个正式的官职。

第二步，写了一封密

信，请求刘备设计杀掉吕布。这样做可能出现两种结果：一是刘备感激曹操在皇帝面前推荐自己，按照曹操的嘱咐杀了吕布；二是刘备杀不成吕布，那么，吕布一定会杀了刘备。这两种可能，无论哪一种实现，都对曹操十分有利。

对刘备来说，荀彧的计谋建立在两种感情的基础上：一种是对曹操的感激；另一种是对吕布的蔑视。对于前一种感情，其自然反应就是报答；而吕布又一向声名狼藉。所以，一般人在这两种感情的夹攻之下的确很难跳出荀彧的算盘。张飞说："吕布本来就是无义之人，杀了他有什么问题呢！"吕布品行的低劣，造成了张飞以及其他人对他的轻蔑，荀彧就想利用这种公众的轻蔑促使刘备来杀吕布。

刘备控制住了自己的感情，他对曹操上奏推荐自己做徐州牧表示感谢，却并不就此答应杀了吕布，推诿说："这件事情还需要进一步的商议。"刘备的这个"还需要进一步商议"：一方面，可能是实话，他真的需要花一点时间来考虑这件事的得失利弊；另一方面，也是一种委婉的拒绝，他已经敏锐地意识到了这件事背后的意义。

玉 玺

事后，刘备对他的兄弟们说："这是曹孟德担心我会与吕布一起谋划讨伐他，所以用这个计策，让我二人火并，他却从中取利。"这表明，刘备不是凭自己感情的好恶来决定采取什么行动，而是站到对方的立场之上，考察其动机：杀吕布只对曹操有利。于是，他对两位弟兄说："为什么要被曹操所驱使呢?"这句话我们也可以理解为，为什么要被情感所驱使呢?被情感驱使的结果是成全了曹操。

但荀彧的计策还是起了一定的作用，就是挑起了张飞杀吕布之心。莽撞的张飞在吕布来时，拿着宝剑就要杀掉吕布，幸亏被刘备慌忙阻挡住。但后来，张飞终因感情失控而激反吕布的岳父曹豹，从而成为丢失徐州并陷刘备家小于城中的罪魁祸首。

刘备寄居小沛时，本想借此发展自己的实力，以便待天下变化的时候能够参与到争夺的行列中去，然而袁术却不愿意看到刘备的势力渐渐强大，袁术周围的谋士时刻提防着刘备，一有机会就怂恿袁术消灭刘备。处在几大势力中间，刘备的日子很不好过，但幸亏他能运用借力打力的谋略，应付来自多方面的威胁，化险为夷。

当时，孙策向袁术索要传国玉玺，袁术不肯把它还给孙策，因为他自己想当皇帝。于是他一方面给孙策回信，推托不还；另一方面把他手下的谋士和将官召来，研究对策，想出兵讨伐孙策。

这时，杨大将说："现在孙策凭借长江天险，而且兵精粮广，眼下是不可以进攻的，应当先攻伐刘备，以报上次刘备无故攻我之仇，然后再攻孙策不迟。我有一计，可使刘备即刻被擒。"袁术同意杨大将的建议，他询问杨大将有何妙计。

杨大将说："刘备驻扎在小沛，虽然容易夺取，但吕布虎踞徐州，前次许诺给他的金帛粮马，至今没给，我们进攻刘备，我担心吕布会来援助。今天应派人先送去粮食，以缓解吕布的怨恨，让他按兵不动，那么就可以消灭刘备了。解决了刘备，再消灭吕布，那时徐州就唾手可得了。"

袁术马上命令韩胤带密书去徐州见吕布，并送去大批粮食，吕布十分高兴，盛情款待韩胤。

韩胤从徐州返回后，把情况向袁术做了汇报。袁术派纪灵为大将，雷薄、陈兰为副将，率领军队数万人，进攻小沛。

刘备聚集众将领商议对策，张飞提出自己带兵出战。谋士孙乾建议：“现在小沛粮寡兵微，如何抵挡得了敌军？可给吕布写信，求他帮助。”

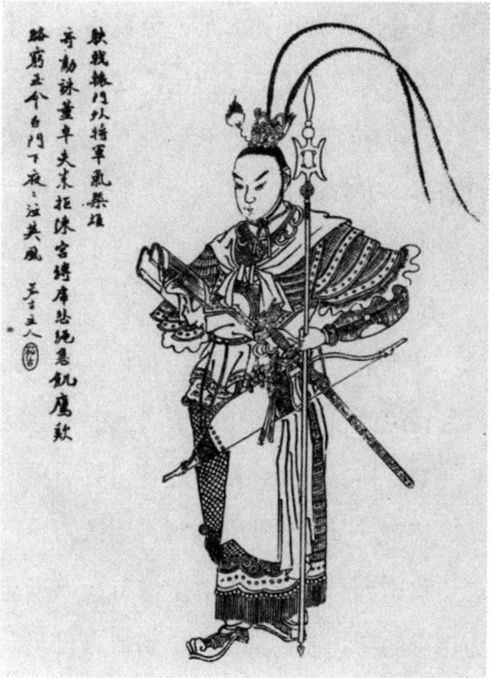

吕 布

刘备表示同意，说：“孙乾兄的意见正确。”便给吕布写了一封信。信中说：“由于将军垂念，令刘备于小沛容身，实拜云天之德。今袁术欲报私仇，派纪灵领兵到，吾亡在旦夕，非将军不能相救。望派一旅之师，以救倒悬之急，不胜幸甚！”

吕布看了刘备的信，与陈宫商议：“前几天，袁术给我又写信又送粮，要我不要帮助刘备。现在刘备又要我派兵相救，我想刘备驻扎在小沛，未必对我构成威胁。如果袁术消灭了刘备，他再联合别人对付我，就不好办了。我不如援救刘备。”主意决定后，吕布便率兵前往小沛援助刘备。

刘备充分掌握了以强制强的斗争策略，在自己力量弱小难以抵抗强敌的时候，只有放下架子，恳求与敌人力量差不多的势力来帮助自己。不过有时候这些强大的势力不一定真心实意来帮助自己，刘备利用唇亡齿寒的利害关系来诱导他们，使他们竭尽全力保护自己。

吕布率领的救援部队还没有到，纪灵已经带领大队人马来到小沛。此时刘备手下只有五千余人，只能勉强出阵应敌。不久，吕布便带兵下营扎寨于小沛西南。

纪灵得知吕布来救刘备，急忙写信给吕布，责怪他言而无信。

吕布则笑着说："我有一计，可使袁术和刘备两家都不埋怨我。"随即派人到纪灵和刘备寨中，请二人前来饮宴。

刘备接到邀请，便去赴宴，关羽和张飞随行。

其实这时刘备非常自信，他认为自己的计谋已经生效了，吕布已经考虑到我这支弱旅的存在对于他自身的安全也是很有必要的，如果不倾尽全力保全的话，下一个就该轮到他自己了。正是基于这样的考虑，刘备才敢大摇大摆地接受吕布的调停。

刘备到达吕布寨中，吕布说："我今天要解你的危难！昔日你对我的好处，我不会相忘！"刘备表示感谢。正说话间，纪灵也到了。刘备大惊，起身想避开。吕布说："我特请你们二人相见，不要有什么怀疑。"

刘备这里是一种示弱的谋略，如果不装作慌张，吕布也就没有必要进行调解了。吕布这样做，也有他自己的考虑，就是显示自己的实力，以威慑他要调停的两方。

纪灵来到后，一见刘备在帐上坐，大惊，转身就要走，吕布向前一把拽回。

纪灵问："吕将军是不是想杀我？"

吕布说："不是。"

纪灵又问："不是要杀刘备吧？"

吕布说："也不是。"

纪灵问："那你是想干什么？"

吕布说："刘备和我是兄弟，今被将军所困，故来救之。"

纪灵说："那就是要杀我。"

吕布说："岂有此理，我吕布平生不好斗，只好解斗。我今日就是为你们两家解斗的。"

纪 灵

纪灵问："如何解之？"

吕布说："我有一法，从天所决。"于是拉着纪灵入帐和刘备相见，二人均怀疑虑。

酒至数巡，吕布说："你们两家看在我的面子上，都罢兵休战。"

纪灵说："我奉主公之命，带兵十万，专捉刘备，如何罢得？"

张飞大怒，拔剑在手，喝道："我们兵虽少，消灭你们如儿戏，你难道比百万黄巾还厉害？你敢伤我哥哥！"

关羽劝住张飞说："且看吕将军有什么好主意。不行，再各自回寨厮杀不迟。"

吕布说："我是请你们两家解斗，而不是叫你们厮杀！"但是这边纪灵不忿，那边张飞只要厮杀。

吕布大怒，叫左右："取我的戟来！"吕布提戟在手，纪灵和刘备不知他要干什么，脸色都变了。

吕布说："我劝你们两家不要厮杀，全在天命。"令左右接过画戟，去辕门外远远插定，然后对刘备和纪灵说："辕门离中军一百五十步，我若一箭射中画戟小枝，你两家罢兵，如果射不中，你们各自回营，痛痛快快地厮杀。有不从我言者，我饶不了他。"

纪灵想：这么远的距离，吕布怎会射中，我就答应了，待他射不中，我再厮杀。刘备这里也痛快地答应了。

吕布让刘备和纪灵就座，各再饮一杯酒。然后，吕布取出弓箭来，挽起袖子，搭上箭，扯满弓，叫一声："着!"弓开如秋月行天，箭去似流星落地。一箭正中画戟小枝。帐上、帐下将校，齐声喝彩。

吕布把弓扔到地上，拉住纪灵和刘备的手说："这是天令你们两家罢兵啊!"

事情的发展完全按照刘备计划的那样，吕布这员猛将居然也灵光乍现，用智化解了袁术和刘备之间的矛盾。实际上刘备这样做的真正意图是将袁术的目光转向吕布，使得两强相斗，这样就可以给自己一段喘息的时间，来加快自身实力的发展。结果事情果然是这样，不久袁术和吕布之间就会产生矛盾。

纪灵带着吕布给袁术的信回去了。刘备又回到小沛。吕布回了徐州。

纪灵回到淮南把吕布的所作所为向袁术作了禀报。袁术大怒："吕布接受了我许多粮食，反以此儿戏之事，偏护刘备。我要亲带重兵讨伐刘备，兼讨吕布!"

纪灵说："主公可不要这样，吕布勇力过人，又有徐州可以固守。若吕布与在小沛的刘备首尾相连，不容易攻破啊。我听说吕布妻严氏生有一女，已到成婚年龄。主公有一子，可派人去求亲。吕布的女儿若嫁与主公之子，必杀刘备，这叫‘疏不间亲’之计。”

袁术采纳了此计，派韩胤为媒人赴徐州求亲。

韩胤见了吕布后说：“我家主公仰慕将军，想求令爱为儿媳，永结‘秦晋之好’。”吕布入内和严氏商量。原来吕布有二妻一妾，严氏先娶，生有一女；后娶貂蝉为妾，没生孩子；又娶曹豹之女为次妻，已亡。因此，吕布对严氏生的这个女儿十分钟爱。

严氏认为，袁术在淮南，兵多粮广，终成天子，而且他只有一个儿子，若把女儿嫁给他，有当后妃之望，她赞成这门亲事。

陈　宫

韩胤回到淮南，禀报了袁术。袁术让韩胤带着厚礼送至徐州，这门亲事就算定了。

第二天，陈宫悄悄对韩胤说：“是谁献的计，让袁公与奉先联姻！这是要取刘备的头哇！”

韩胤说：“既然已经被你识破，请您不要泄露这件事情！”

陈宫说：“我不会泄露，只怕被他人识破，怕此事中途有变。我劝奉先即日送女成亲，如何？”韩胤一再感谢。

在陈宫的劝说下，吕布连夜准备嫁妆。鼓乐喧天，把女儿送出城外。

这时陈登之父陈珪，得知此事，一下就识破了袁术的“疏不间亲”之计，随即来见吕布。一和吕布见面，陈珪就说：“闻将军死期到了，特来吊丧。”

吕布大吃一惊：“何出此言?”

陈珪说：“前者袁术以粮、金送公，是要借公的刀杀刘备，而公以射戟解之；今又来求亲，其意图十分明确，是以你的女儿为人质，随后就率大兵来攻小沛，刘备亡，徐州则危矣。况且袁术有称帝之野心，这是造反也。他若造反，则公就是反贼的亲家了，岂不坏了大事。”

吕布听陈珪这么一分析，大惊。急令张辽引兵，追赶三十余里，将女儿抢回，连袁术的使者韩胤都抓回来监禁起来。吕布又派人向袁术回话，推说女儿嫁妆还没办齐，等准备好了便送去。

如果不是张飞的莽撞，抢了吕布的马，刘备在小沛会有更多的时间用以发展。由于张飞装扮成强盗抢马被吕布的手下识破，吕布便借此事发兵攻击刘备，陈宫也建议：“今不杀掉刘备，以后必被他所害。”这更坚定了吕布消灭刘备的决心。

刘备又被挤到夹缝里了，要想脱身，只有一种可能，就是借助一个更强大的势力来打倒这堵墙，于是刘备想到了曹操。

刘备和麋竺、孙乾商量对策。

孙乾说：“曹操所恨者，是吕布也。不如弃小沛去许昌，投奔曹操，借兵破吕布，此为上策。”

刘备问：“谁可当先锋突围而出?”

张飞说：“小弟情愿死战!”刘备令张飞在前，关羽断后，自己居中，保护老小，当夜三更，乘着月明，出北门，杀出重围，投奔曹操而去。

吕布见刘备走了，也不来追。随即入城安民，令高顺守小沛，自己返回徐州去了。

刘备到了许都，在城外下寨。先派孙乾去见曹操，说被吕布相逼，特来相投。曹操说："刘备和我是兄弟呀。"便请入城相见。

第二天，刘备留关羽和张飞在城外，自己带着孙乾和糜竺去拜见曹操。曹操待以上宾之礼，刘备向曹操诉说了吕布之事。

曹操说："吕布乃无义之辈，吾和贤弟共同诛之。"

刘备称谢，曹操设宴相待，至晚方归。

刘备走后，荀彧对曹操说："刘备，英雄也。今不早杀，后必为患。"

曹操不答。荀彧走后，郭嘉来了，曹操问："荀彧劝我把刘备杀了，你以为如何?"

郭嘉说："不可，主公兴义兵，为百姓除暴，以信义而招杰俊，今刘备素有英雄之名，以困穷而来相投，若把他杀了，乃是害贤哪。这样，天下智谋之士，闻而怀疑，将裹足不前，主公靠谁来平定天下呢? 因除一人之患，而阻四海之望，这是关系到安危的大事，不可不多加审视。"

曹操听了大喜，说："你的话正符合我的意思。"第二天，即表奏皇

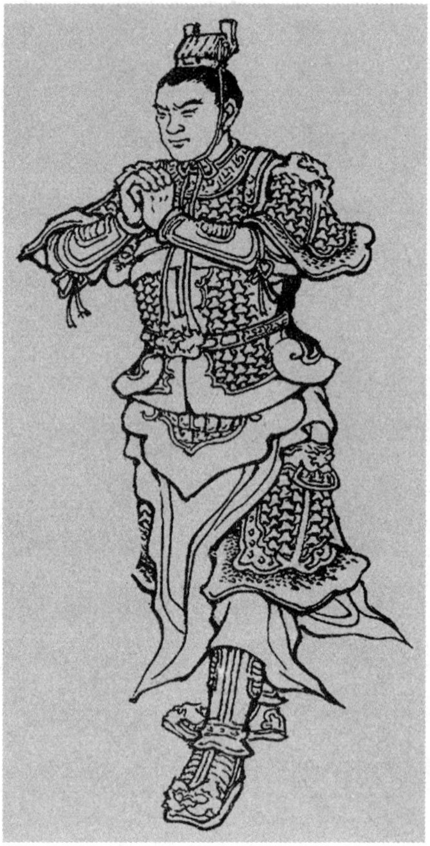

吕　布

帝，举荐刘备为豫州牧。这时，程昱又说：“刘备终不为人之下，不如早除之。”

曹操说：“今天正用英雄之时，不可杀一人而失去天下之心。”随即给刘备兵三千，粮食万斛，让其去豫州到任。

刘备到豫州，招兵买马，扩充力量，派人约会曹操，一起攻打吕布。

曹操在下邳围攻吕布时，两个月未能攻下。忽然又听说河内太守张杨出兵想要援救吕布，于是想暂且停止攻击。荀攸急忙制止说：“吕布勇而无谋，如今屡战都遭失败，锐气已经衰败，三军以将为主，将衰则军无斗志。陈宫显然有智却反应迟钝，如今趁吕布的士气还未恢复，陈宫的计谋还没有定下来，火速攻城，吕布肯定被抓住。”郭嘉说：“我有一个计策，下邳城可以马上被攻破。”荀彧说：“不是要挖开沂水与泗水吧？”

郭嘉笑着说：“正是这个意思。”曹操十分高兴，随即命令军士挖开两河，曹兵都驻扎在高处，看着流水淹没下邳。下邳被围困一个多月，吕布终于被活捉。

吕布被带到曹操面前。吕布长得又高又大，却被绳索捆作一团。吕布大叫：“绑得太紧了，请缓解一下！”

曹操说：“绑虎不得不紧。”

这时刘备也在身旁，吕布便对刘备说：“你现在是座上客，我吕布成了阶下囚，为何不为我美言几句呢？”

刘备只是点点头，吕布又对曹操叫道：“明公所担心的莫过于我吕布，如今我已经降服了，您为大将，我为您的副手，天下不难平定了。”

曹操听罢此言，有所心动，便回过头来对刘备说：“你看怎么办？”

刘备回答说：“不可，明公忘了吕布是怎样对待丁原、董卓的吗？”

吕布看了刘备一眼，大骂道：“你这大耳儿，太不讲信用了，你难道不记得辕门射戟的事情了吗？”

此时，曹操想起了吕布如何杀死丁原、董卓，觉得刘备提醒得对，为免养虎为患，于是下令缢死吕布，并枭首示众。

刘备本身实力长期处在一个较为弱小的状况，面对汉末强手如林的局面，他唯有比对手更具智慧，才能做到游刃有余。袁术要想吞并他，从实力上来讲，应

董　卓

该是轻而易举的事情，然而最后却不了了之，关键就在于刘备所用计谋得当。刘备选择了与袁术实力相当的吕布作为自己的后盾，借助吕布之手，解除了眼前的危险。然后刘备采取了迂回的战术，首先他利用唇亡齿寒的道理，说动了吕布，迫使其尽力援助自己。一旦强手把自己挤到夹缝中去的时候，即马上寻求更强的依靠对象，比如后来投靠曹操，以免仅有的一点实力都被吞掉。刘备就是这样在夹缝中艰难生存下来的，最后成了大赢家。

第二章 寄人篱下

第一节 韬光养晦

刘备是一个胸怀大志的人，他一心想创建自己的一番大事业。不过，当自己实力不足的时候，刘备能屈能伸，过着寄人篱下、听命于人的生活。

建安元年（196），占据淮南地区的袁术，对刘备占有徐州一直心怀不满。他几次派兵去攻打刘备，都没有成功。后来，他勾结被曹操打败、投靠刘备的吕布，进攻刘备。刘备被打败，就投奔了在兖州的曹操。

曹操很热情地接待了刘备，并带他去晋见汉献帝。汉献帝受到曹操的挟制，一切听从曹操的安排。曹操推荐刘备做了豫州牧。曹操又给了他一些兵力，叫他回到小沛，召集被打散的士兵，攻打占领徐州的吕布。当年，刘备又被吕布打败，曹操亲自率兵东征，杀死吕布。刘备随曹操回到许都，曹操又推荐他为左将军，拜关羽为中郎将。

曹操在汉献帝面前表奏刘备的军功，皇帝问刘备的祖先是何人。刘备答："我是中山靖王之后，孝景皇帝的玄孙，刘雄之孙，刘弘之子。"经过查看宗族家谱，刘备还是汉献帝的叔叔。皇帝特别高兴，邀请刘备进入偏殿叙叔侄之礼。汉献帝心想："现在曹操专权，国家大事自己做不了主。今天得到这个英雄作为自己的叔叔，看来有人可以帮助自己了。"于是提升刘备为左将军。

从此，大家都称刘备为刘皇叔。

荀彧等谋士将天子认刘备为叔的事情禀报曹操，要他多提防刘备，最好把刘备除掉。而曹操说："我把他留在许都，名义上虽然是让他接近皇帝，实际上是为了让他在我的掌握之中，以免对我造成威胁。我顾虑的是太尉杨彪，这个人是袁绍、袁术的亲戚，倘若他作为二袁的内应，为害不浅，必须马上除掉。"于是把杨彪捉拿下狱，后来经孔融说情，免除斩刑，让他回到自己的家乡去了。

一天，谋士程昱向曹操献策："现在明公势力逐渐强盛，为什么不趁这个机会做皇帝呢！"

曹操说："朝廷中忠于汉室的大臣还有很多，不可轻举妄动。我打算请天子去打猎，以观察他的动静。”

曹操请天子出城打猎，汉献帝本来不想去，但是不敢不去。那天，曹操得意忘形，与汉献帝并马而行。刘备与关羽、张飞也随驾出许昌。

到达狩猎场，汉献帝对刘备说：“我想看看皇叔射猎的本领。”刘备接受献帝的命令上马，忽见草中有一兔子，一箭射中，献帝喝彩。

转过一土坡后，看见一只大鹿。汉献帝连射三箭都没有射中，便对曹操说：“还是你来射吧。”曹操就拿上只有天子才能用的宝雕弓、金箭，将鹿射死在草丛中。群臣将校见了金箭，都以为是天子把鹿射中了，便跑到天子面前大声欢呼：“万岁！”结果曹操挡在天子前面，接受大家的祝贺，并且不把宝雕弓奉还天子，仍旧挂在自己身上。

看见曹操对汉献帝如此无礼，许多人的脸色都变了。关羽非常生气，手握青龙刀，就要拍马上前杀掉曹操。这时刘备赶快给关羽使眼色，要他不要轻举妄动。关羽看到刘备的眼色，马上停止了进一步的行动。回到许昌后，关羽问刘备：“投鼠忌器呀！曹操欺君罔上，我想杀掉他，为国除害，大哥为什么要阻止我呢？”刘备说：“曹操与天子相离只有一个马头的距离，他的心腹之人，都在四周。二弟对曹操有所举动，如果事情没有成功，又伤害到天子，我们就死罪难逃了！”

当时的曹操羽翼已经丰满，他不放心汉献帝，因此屡次加以试探，多次侵犯汉献帝的君威，汉献帝十分不满，他私下里对伏皇后说：“我自即位以来，奸雄并起：先受董卓之殃，杀了董卓之后，又受李傕、郭汜之罪。常人没受的苦，我们都受了。后得曹操，我十分高兴，以为是位社稷之臣，没想到他专权太甚，擅作威福。我每次见他，背后就像有芒刺扎。今天在狩猎场上，他更是无礼至极！我们早晚要死在曹操手里。”伏皇后说：“满朝文武，都食汉禄，竟无一人能救国难？”

汉献帝

这时，伏皇后的父亲伏完进来说：“皇帝和皇后不要担忧，我推举一个人，可以铲除曹操这个国害。此人就是车骑将军、国舅董承。”于是，献帝咬破指头，以血写一密诏，为防曹操发觉，将密诏缝在一条玉带中，密赐董承。

建安三年（198）年底，汉献帝突然召见了他的丈人、车骑将军董承，随后把一领锦袍赠给他，其中有汉献帝的亲笔密令。董承看到皇帝的密诏后，痛哭流涕，正在无计可施时，心腹王服来了。二人商讨灭曹之策，正在此时，西凉太守马腾来到。他对曹操恨之入骨，表示：“如果你们有举动，我就马上统领西凉兵士作为外应。”马腾并推荐刘备可以联络。

第二天黑夜，董承来到刘备住处，将天子密诏取出给刘备看。刘备一边看，一边流泪。接着董承又将他们写的义状让刘备看，上面签名的有车骑将军董承、长水校尉种辑、议郎吴硕、昭信将军吴子兰、西凉太守马腾等。

刘备看完后，郑重地签上“左将军刘备”。董承说：“再请三人签名，共聚十义，以讨国贼。”刘备说：“这件事情十分重大，必须缓缓施行，万万不可泄露秘密。”

为了避免曹操对他产生怀疑，刘备就在许都的家中，关起门来谢绝客人，整天待在后院的菜地里浇水拔草，表示对政事不关心。刘备时刻在想着离开曹操的办法。

不久，淮南的袁术想北上让袁绍称帝。袁术和袁绍本是异母兄弟，过去因争夺地盘互相打过仗。现在两人若合在一起，势力可是要大大增加了。曹操感到这是个威胁，就召集部下商量，打算派兵拦住袁术，不让他与袁绍会合。刘备一看，机会来了，就对曹操提出去加强徐州的防守力量，在那截住袁术。曹操为了拉拢刘备，就答应了，抽调5万兵马交给刘备，同时派朱灵、路昭两员大将跟他一起去。

听说刘备率领军队去徐州，曹操的谋士程昱、郭嘉赶紧对曹操说：“刘备是天下英豪，不能放走他，以后恐怕要出乱子。”曹操已经有令在先，况且刘备早已经走远了，根本追不上，曹操也只好作罢了。好在徐州归自己管辖，也就没把这件事放在心里。

刘备到达下邳以后，袁术已经病死。曹操命令刘备率军回来，刘备派朱灵、路昭先回去报功，自己把军队驻扎在徐州，以安顿当地百姓。

曹操看到刘备想脱离自己的控制，就暗中派人指使徐州刺史车胄杀死刘备。刘备事先得到消息，采取突然袭击，把车胄杀死，然后派关羽守住下邳城，自己率领军队驻扎在沛县，防卫曹操入侵，开始公开对抗曹操。

第二节　煮酒论英雄

刘备手无寸土的时候，他只能看别人的眼色行事，不停地投靠割据一方的诸侯。他从不在寄主面前显露出一丝一毫的大志行为，久而久之便瞒过了所有的人。

刘备经过了多年奔波，终于当上了徐州牧，有了一个固定的地盘。但好景并不长久。首先是袁术不满意刘备唾手得到徐州，不断出兵攻打。接着又是吕布和袁术互相勾结，联手进攻徐州。刘备被吕、袁联军打得大败，不得已到兖州投奔曹操。当曹操亲率大军攻克下邳、杀死吕布，得胜回朝后，刘备也就跟从他到许昌。曹操上表推举刘备为左将军。

许昌丞相府

许昌正在酝酿着一场政变，那就是以汉献帝丈人、车骑将军董承为首的一些朝臣，接受了献帝的密诏，准备诛杀曹操。董承看中刘备的才干和皇室后裔的身份，密以相邀，而时刻以“恢复汉室”为己任的刘备，也毫不犹豫地参与了他们的活动。

有“治世能臣，乱世奸雄”之称的曹操，对投靠他的刘备，表面上非常尊重，实际上是极不放心的；以他知人善任的政治家、军事家的眼光来看待刘备，他也认定刘备是个人才，是日后与他争夺天下的对手。因而他经常派人去察看刘备的动静，以便及早采取措施，防患于未然。

刘备又何尝不知道自己处境的危险，自从参加了董承的秘密活动以后，为了避免曹操的怀疑，他更是小心谨慎、处处提防。为了显示自己是一个耽于舒适环境、毫无大志的人，他甚至经常关起大门，躲在院子里种菜。如果说他在与黄巾军作战时，曾经因为受伤而装死躺在路上，侥幸逃过起义军的杀害，这一举动是韬晦之术的小试锋芒的话，那么到了许昌，在曹操的股掌之中，韬晦策略更是刘备的随身武器了。著名的“煮酒论英雄”的故事更能说明这一点。

关　羽

东汉末，曹操挟天子以令诸侯，势力很大；刘备虽为皇叔，却势单力薄，为防曹操谋害，不得不在住处后园种菜，亲自浇灌，以为韬晦之计。关羽和张飞看刘备那样没志气，忍不住抗议。刘备告诉他们说：“我哪里是真的在种菜？我是为了避曹操的耳目。曹操对我注意已久，此地不可久留。”

有一天，刘备正在后院干活，突然曹操派人来请他，刘备吃了一惊，心脏怦怦直跳，胆战心惊地前往入见曹操。曹操不动声色地对刘备说：“在家做得大好事！”说者有意，听者更有心，刘备吓得面如土色，曹操又转口说：“你学种菜，不容易。”这才使刘备稍稍放心下来。曹操说：“刚才看见园内枝头上的梅子青青的，想起以前一件往事（即‘望梅止渴’），今天见此梅，不可不赏，恰逢煮酒正熟，故邀你到小亭一会。”刘备听后心神方定。随曹操来到小亭，只见已经摆好了各种酒器，盘内放置了青梅，于是就将青梅放在酒樽中煮起酒来了，二人对坐，开怀畅饮。酒至半酣，阴云密布，大雨将至，突然天空有一股龙卷风，曹操问：“玄德知道龙的变化吗？”刘备说：“不知道它们的具体情况。”曹操说：“龙能大能小，能升能隐，大则兴云吐雾，小则隐介藏形，升则飞腾于宇宙之间，隐则潜伏于波涛之内。现在是春末，龙乘时变化，就好像人得志而纵横四海。龙作为一种事物，可比作当今世上的英雄。您长期游走四方，一定知道当今世上的英雄，请指出来给我听听。”

刘备听出曹操话里有话，忙说：“我肉眼怎么能看出谁是英雄！”曹操说：“不必太谦虚。”刘备说：“我得到丞相的恩庇，在朝廷里当了个官。天下英雄，实在不知道。”曹操还是穷追不舍：“哪怕没见过他们的面，总该听过他们的名字吧？”

刘备只好说：“淮南袁术，兵多粮广，可否称作英雄？”曹操笑着说：“袁术好像坟墓中的枯骨，我早晚要抓住他！”

刘备又说："河北的袁绍，祖上四世三公，门多故吏，现在盘踞冀州之地，部下能干的极多，可算是英雄？"曹操说："袁绍色厉胆薄，好谋无断，干大事而吝惜自己的身体，见小利可以忘记性命，不是英雄。"

刘备说："有一人名称八俊，威震九州，刘表可以称作英雄吧？"曹操说："刘表虚名无实，也不是英雄。"

刘备又说："有一个人血气方刚，江东领袖孙策是英雄吧？"曹操说："孙策是借他父亲孙坚之名，不是真正的英雄。"

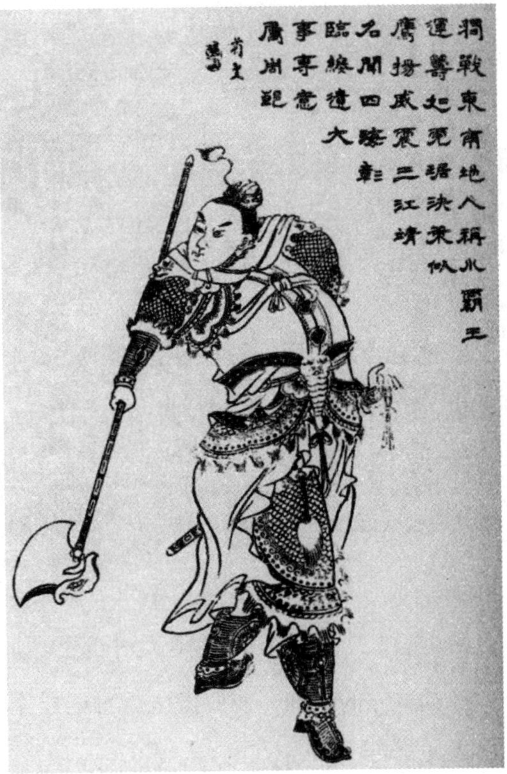

孙　策

刘备说："益州刘璋，可算是英雄吧？"曹操说："刘璋虽然是宗室，但不过是个守门户的狗，怎么能称为英雄。"

刘备又说："像张绣、张鲁、韩遂等人怎么样？"曹操大笑说："这都是些碌碌小人，何足挂齿！"

刘备说："我说了这么多，都不算英雄，除此之外，我实在不知道了。"

曹操此时正想打探刘备的心理活动，看他是否想称雄于世，于是说："夫英雄者，胸怀大志，腹有良谋，有包藏宇宙之机，吞吐天下之志者也。"刘备问："谁能当英雄呢？"曹操单刀直入地说："当今天下英雄，只

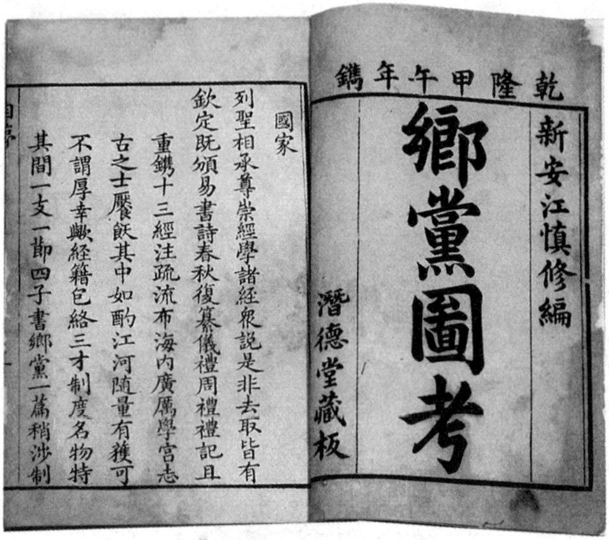
乾隆甲午年鐫
新安江慎修編
鄉黨圖考
潛德堂藏板

國家
列聖相承尊崇經學諸經衆說是非去取皆有
欽定既頒易書詩春秋復纂儀禮周禮禮記且
重鐫十三經注疏流布海內廣厲學宮志
古之士饜飫其中如酌江河隨量有獲可
不謂厚幸歟經籍包絡三才制度名物特
其間一支一節四子書鄉黨一篇稍涉制

有你和我两个!”刘备一听，吃了一惊，手中拿的筷子，也不知不觉地掉到地下。正巧突然下大雨，雷声大作，刘备灵机一动，从容地低下身拾起筷子，说：“圣人说：‘迅雷风烈必变’，真的是这样。”表现出他是因为害怕打雷，才掉了筷子。曹操此时才放心地说：“大丈夫也怕雷吗?”刘备说：“连圣人对迅雷烈风也会失态，我还能不怕吗?”刘备经过这样的掩饰，使曹操认为自己是个胸无大志、胆小如鼠的庸人，曹操从此再也不疑刘备了。

“迅雷风烈必变”这句话出自《论语·乡党篇》，它的意思是孔子遇疾雷暴风，必定改变容色，表示对上天的敬畏。刘备借用这句话的意思是，打雷的威力无比，竟吓得他匙筷落地。他用这句话来掩饰内心的窘迫，也瞒过了多疑的曹操。

这是一段传诵千古的精彩对话，刘备在这里充分展示了处变不惊的性格特点，身处逆境而不忘胸中大志，既有胸中大志却又不表露于外，这是弱者躲避强敌而保全自身的聪明行为，刘备为一代枭雄，巧妙地运用韬光养晦的策略骗过了曹操的眼睛，算是世间奇人吧!

第三节 投袁绍

刘备初创阶段，遇到来自多方面的压力，他也是疲于应付，不断地寻求保护。而对于那些强者，刘备多是虚与委蛇，强装笑颜，甚至极力恭维。可这些都没有使刘备摆脱寄人篱下的状况，他继续周旋于这些势力之间，忍受着他们的欺侮，还得随时提防他们的吞并。

夏侯渊

建安五年（200）春，曹操得知了董承密谋的事，就逮捕了董承及几个为首的将领，把他们处死了。这时袁绍调集军队准备南下攻击曹操。曹操在和袁绍决战前，打算讨伐刘备。于是亲自率领 10 万大军，派夏侯惇、夏侯渊、张辽、于禁、徐晃等大将，分兵五路浩浩荡荡奔徐州杀来。双方力量相差太多，刘备吃了败仗，连夫人也被俘虏，只好投奔青州的袁谭。袁谭是袁绍的长子，经袁谭介绍，刘备又到了袁绍那里，袁绍亲自出城三十里迎接他，把他暂时安顿在冀州。

曹操攻占了沛县以后，又乘胜攻下邳城。曹操爱惜关羽之才，派关羽故交张辽去做说客，以说服关羽归顺。但关羽铁石心肠，不为故交之情所动。

张辽便摆出几条关羽必降的理由，先是许以条件：

> 玄德不知存亡，翼德未知生死，众已失散。昨夜曹公已破下邳，城中军民，尽皆无伤害。玄德家眷，丞相差人护之，惊扰者斩。如此相待，弟特来告兄。

然后又罗列出关羽的三条“罪状”：

> 兄今尽死，其罪有三，岂不为万世耻笑乎？当初刘使君结义之时，誓同生死，今使君败于小沛，当勠力同心，死战沙场，其名万古不朽，不合逃遁而去。昔刘使君以家眷重托于兄，以为万全之计。兄今战死，二夫人无所依托。若能守节，一死无疑；若不守节，又属他人。则是兄负却使君依托之重，实为不义。兄武艺超群，更兼深通经史，不思共使君匡扶汉室，拯救生灵，徒欲赴汤蹈火，以成匹夫之勇，上负祖宗，下辱其主，安为义？

通过张辽的动之以情、晓之以理的劝说，关羽开始动摇了，便提出了三个条件：

> 一者，吾与刘皇叔同设誓时，共扶汉室，吾今只降汉帝，不降曹操。二者，二嫂嫂处，请给皇叔俸禄养赡，一应上下人等，皆不许到门。三者，但知刘皇叔去向，不管千里万里，便当辞去。三者缺一，断不肯降。

曹操答应了关羽这三个条件。于是，关羽便在曹操那里暂时栖身。

袁 绍

正当刘备栖身袁绍处时，关羽却在曹操处大开杀戒，杀的不是别人，正是袁绍的爱将颜良。颜良在战场上被杀，败军回报说是被一个赤面长须大汉杀的，这时袁绍的谋士沮授说是刘备的拜把兄弟关羽，袁绍急忙召来刀斧手要将刘备斩首，刘备辩解说："天下同貌者不少，你怎么知道赤面长须的人就是关某呢?"袁绍一听，马上放了刘备，还责备沮授说："错听了你的话，险些杀了一个好人。"于是袁绍又派大将文丑进攻曹操，文丑又被关羽斩了。这一次，已经弄清了，杀人者就是关羽。袁绍又命令把刘备推出去斩首，刘备不慌不忙，又说："曹操一贯嫉恨我刘备，现在知道我在你这里，担心我帮助你，因此特意派遣我的结拜兄弟关羽来诛杀你的两位将领，知道你一定会生气，他是想借助你的手来杀掉刘备啊!"袁绍一听，觉得有道理，反过来又责怪部下几乎使他受害贤之名。刘备又说要写封信给关羽让他来投袁绍，袁绍听了，心里很高兴，说："我得到关羽，胜过得到十个颜良、文丑这样的大将啊!"其实刘备此时最想做的就是如何从袁绍处脱身，怎会还把关羽往这里拉呢。

刘备觉得袁绍处事不果断，将领之间又钩心斗角，军队也不能有效的

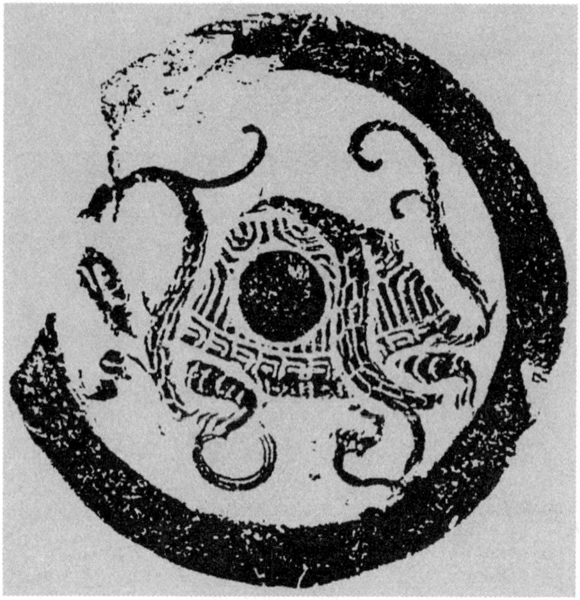

配合，虽然兵力多于曹操，但是根据自己对曹操的了解，知道袁绍绝对不是曹操的对手。正好袁绍派刘备带领少数人马去曹操后方，牵制他的军队，刘备就离开袁绍，去豫州西南打游击去了。

刘备在这一带活动，使曹操的防守大将夏侯惇很头痛，就想办法要消灭刘备。曹操在官渡打败了袁绍，夏侯惇建议攻打刘备的队伍。曹操认为还不到时候，但夏侯惇心里着急，曹操只好把在黄河南岸的于禁也调回来，去协助他。刘备的兵力很少，禁不住曹军的猛烈进攻，就向后撤退。夏侯惇在后面紧紧追赶，于禁劝他不要追，恐怕有埋伏，夏侯惇不听，于禁只好跟着追赶。等追兵到了博望坡，不见刘备的踪影，只听一阵喊声，四处着起火来，曹军挤在一起，乱成一团。刘备率领军队杀回来，曹军被打败，夏侯惇、于禁带着剩下的人马逃了回去。

刘备知道自己抵挡不了曹操的大军，只好退到荆州，投奔荆州刺史刘表。刘表不顾手下将领的极力反对，热情地接纳了刘备。刘备初到刘表处，表面上规规矩矩、小心翼翼，刘表也一度认为刘备是个至诚君子，于是给了他一部分军队，让他驻守新野，组织和训练军队。因此刘备不但暂时得到了栖身之地，而且为以后的实力壮大奠定了基础。

之前，刘备投靠曹操，曹操对其很不放心，可他又不能杀了刘备，以免落个害贤的名声，于是多方试探。在这个过程中，刘备巧妙应对，并且开始形成一种新的思路，就是假装逆来顺受地接受别人的领导，做些为当时英雄所不齿的事情，如种菜等，使人感觉他是个与世无争、胸无大志的普通人。刘备机智地瞒住了包括曹操在内的诸多“强势”，他表面懦弱，以此解除强势的戒心，暗地里却拼命地积蓄力量，获取必要的政治资本，尽可能联合到“强势”的反对者，以求削弱“强势”力量。因此刘备参与了董承等人的密谋，意图借助汉皇室的力量壮大自己。此外，刘备善于抓住时机，利用“强势”没有把他放在心上的时候，趁机脱离他们的控制，独立发展，刘备的实力就是这样日渐增长的。

第三章 好运气终于来了

第一节　依附刘表

刘表是刘备的远房兄弟，同样是汉室宗亲。因此，当袁绍在官渡之战中大败后，走投无路的刘备投奔了刘表。后来形势的发展证明刘备这次选择的落脚点是正确的，因为他从此就得到了自己的根据地——荆州。

初平元年（190），刘表被拜为荆州刺史。他首先剿除宗贼，收其部曲，又招降占领襄阳的强盗，控制了南郡，其他各郡望风归附。刘表为了安抚盘踞南阳的后将军袁术，荐袁术为南阳太守。但是袁术觊觎荆州，于公元191年派破虏将军孙坚进攻刘表，但被刘表打败，孙坚战死，袁术逃往扬州。刘表威名大震，车骑将军李傕以刘表为镇南将军、荆州牧。公元197年，刘表又击败入寇南阳的骠骑将军张济，张济病死。刘表招抚张济余部，让其屯驻南阳。公元198年，长沙太守张羡谋划零陵、桂阳两郡反叛，刘表将其击败，完全掌握了整个荆州，军队扩充到十余万。在当时战乱频仍的天下，荆州算得上是乱世中的一方净土。

《后汉书·刘表传》中对此的描述是：

初，荆州人情好扰，加四方骇震，寇贼相扇，处处麋沸。表招诱有方，威怀兼洽，其奸猾宿贼更为效用，万里肃清，大小咸悦而服之。关西、兖、豫学士归者盖有千数，表安慰赈赡，皆得资全。遂起立学校，博求儒术，綦毋闿、宋忠等撰立五经章句，谓之后定。爱民养士，从容自保。

刘备早期的谋士孙乾说：“刘表坐镇九郡，兵强粮足，更与您是汉室宗亲，为什么不去投靠他呢?”

刘备说：“就怕他不容我。”

孙乾说：“我愿意先去说服他，让刘表出境而迎主公。”刘备特别高兴，便令孙乾星夜往荆州。

孙乾到达荆州，见了刘表说：“刘备是天下英雄，虽然兵微将寡，志向却在匡扶社稷。汝南刘辟和龚都与刘备一直都是非亲非故的，他们也以死相报。您与刘备，同为汉室之后，现在刘备新败，本来想去江东投孙权，我对他说：‘不可背亲而向疏。荆州刘将军礼贤下士，何况又是同宗。’因此刘备特派我来拜见您，听候您的定夺。”

荆州城楼

蔡瑁

刘表大喜，说：“刘备，是我的弟弟。我很早就想与他相见了，而一直没有这个机会。他今天能到我这里，实在是我的荣幸啊！”

这个时候，刘表身边的蔡瑁则说：“万万不可，刘备先投靠公孙瓒，又和吕布合伙，后待奉曹操，最后投靠袁绍都不能善始善终，足见他的为人。今天如果收纳刘备，曹操必然发兵攻打我们，不如杀了孙乾，将头献给曹操。”

孙乾对蔡瑁说：“我并不是怕死的人，刘备忠心为国，不是曹操、袁绍、吕布等人可以相提并论的。他和他们相识，是不得已。现在来投靠刘将军，是因为同为汉室宗亲，所以千里而来，你怎能如此嫉贤妒能呢?”

刘表对蔡瑁说：“我主意已定，你不要再多说了。”于是蔡瑁愤恨而出。

刘表一面命孙乾先回去通报刘备，一面亲自出城三十里迎接。刘备见到刘表后，十分恭敬，刘表对刘备也特别热情。刘备带领关羽、张飞、赵云拜见刘表，刘表与刘备一起进入荆州。

由于刘备曾经参与汉献帝的衣带诏集团，受到当时荆州士大夫的拥戴，声名盖过了俨然作为清流派领袖的刘表，引起了刘表的不安。第二年，司空曹操进攻袁氏兄弟，双方在黎阳相持。刘表立即派遣刘备进攻，军事意图是想夺回因为张济余部投降而转到曹操手中的南阳；政治意图是削弱刘备的影响，并显示自己的决心和清流派领袖的宗主地位。

刘备成功地打败了河南尹夏侯惇，但是并没有达到占领整个南阳并进而威胁许都的目的。不过这并没有削弱刘备的声望，反而使士大夫阶层更加倾心于刘备。

有这样一则小故事：有一天，刘备骑着自己的的卢马回新野，刚出城门，便有一人来到他的马前对他说："你所骑的马是不可以骑的。"刘备一看，是伊籍。刘备连忙下马问为什么，伊籍说："我昨天听蒯越对刘表说：此马名的卢，乘则妨主，刘表因此还给你，你难道就可以骑它了吗？"

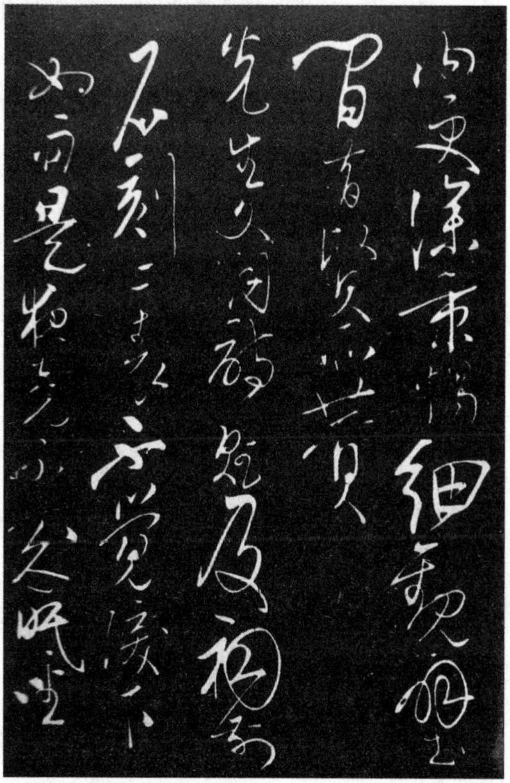

刘备说："十分感谢先生看得起，但是每个人的生死都是命运的安排，一匹马岂能改变得了！"伊籍佩服刘备的高见，从此常与刘备来往。

刘备的到来，为不满刘表自守的荆州清流派提供了一位为"兴复汉室"执着奋斗的政治领袖，他们纷纷投靠或者自托于刘备，其"欲信大义于天下"的主张得到了大家的共鸣。诸葛亮在隆中策提到："荆州北据汉、沔，利尽南海，东连吴会，西通巴、蜀，此用武之地，非其主不能守，是殆天所以资将军，将军岂有意乎?”这集中代表了当时荆州士大夫渴望由刘备来统治荆州的愿望。

刘备虽然寄人篱下，但从来没有掩饰他的雄心壮志。

有一次，刘备在与刘表谈到自己与曹操煮酒论英雄时，刘表说：“以曹操的权势，都不敢把自己摆在你刘备的前面。”这原本是恭维的话，没想到一下子激起了刘备的表现欲望。这时，刘备乘着酒兴，脱口而出：“我刘备如果有根基，天下碌碌之辈，都不在话下。”好在刘备很快醒悟，借口喝醉赶紧走了。

刘备的这番言论给了蔡氏诋毁他的口实，刘备刚走，蔡夫人便对刘表说：“刚才刘备说的话，我都听见了，他把你也列入碌碌之辈，足见他有吞并荆州的意思。今天如果不除掉他，一定会有后患。”刘表没有回答，只是摇了摇头。蔡夫人却等不及了，便与她的弟弟蔡瑁商议：“今晚先杀了刘备，然后再告诉主公。”蔡瑁连夜点军。如果没有伊籍事先通风报信，刘备恐怕难逃此劫了。

蔡氏为什么这么恨刘备呢？也是有原因的。

一次，刘表邀请刘备聚聚，正在饮酒的时候，刘表突然流下眼泪。刘备询问刘表流泪的原因，刘表说：“我有心事，请弟弟帮助决断，前妻陈氏所生的儿子叫刘琦，为人虽然贤仁，但柔懦不能够独立决断事情，后妻蔡氏生的儿子刘琮，十分聪明，我想废长立幼，担心不符合礼法。如果立了长子，由于蔡氏亲族掌握着荆州的军权，我死后一定会发生祸乱，因此下不了决心。”对于刘表的家事，刘备完全可以不管，但是他为了显示自己是王者，可以参与到天下大事的决断中去，所以他全然不顾自己是寄居荆州的客人，居然想反客为主替刘表出谋划策。为此刘备说：“自古以来废长立幼，是引发祸乱的根本原因。如果担心蔡氏权力过重，可以慢慢削夺，千万不可因溺爱而立少啊。”刘备说这些话的时候，蔡夫人就在屏风后边偷听，自然恨透了刘备。

在蔡氏的蛊惑下，刘表对刘备一直有所防范。到了公元 208 年，孙权攻破江夏，刘表的大将黄祖战死，刘表仍然不敢放手使用刘备，他深知刘备对军队的影响力，害怕自己不能控制刘备。于是派自己的长子刘琦出任江夏太守。

不久，已经受封丞相的曹操率军南征，这时候病入膏肓的刘表不得不倚重刘备防守新野，这样刘备才有了一块栖身之地。但是刘备的军队只有几千人，根本挡不住曹军的进攻。刘备为这事发了愁，不知该怎么办。

诸葛亮出山后，解决了这个难题。诸葛亮对刘备说：“其实荆州地区的人口并不少，就是有好多人没有登记户籍，如果只按户籍征兵，在籍的人不多。”他建议清查没有登记户籍的游户，让所有的游户都来登记，根据登记来征兵，就可以解决兵源的不足。刘备觉得有道理，就去找刘表商量。刘表正生病躺在床上休养，他知道曹操有攻打荆州的野心，就答应了刘备的要求。

经过登记征兵，刘备的军队一下子增加到几万人，有了地盘的刘备马上就拥有了自己的军队，算是挖到了自己事业上的“第一桶金”。

第二节 三顾茅庐

官渡大战以后，刘备逃到荆州，投奔刘表。刘表拨给他一些人马，让他驻在新野（今河南新野县），总算有了一个暂时安定的环境。刘备经过多年的转战奔波，深刻感触到人才对于自己谋取更大权力的重要性，因此，他稍微稳定之后，便开始储备日后发展所需要的人才了，为此他四处探访。

庞　统

不久，他就打听到襄阳地方有个名士叫司马徽，就特地去拜访。司马徽很客气地接待他，问明他的来意。

刘备说："不瞒先生说，我是专程来向您请教天下大势的。"司马徽听了，哈哈大笑起来，说："像我这样平凡的人，懂得什么天下大势。要谈天下大势，得靠有才能的俊杰。"刘备央求他指点，说："往哪里去找这样的俊杰呢？"

司马徽说："这一带有卧龙，还有凤雏，您能请到其中一位，就可以平定天下了。"

刘备急着问卧龙、凤雏是谁，司马徽告诉他：卧龙名叫诸葛亮，字孔明；凤雏名叫庞统，字士元。刘备向司马徽道了谢，回到新野。正好有一个读书人来见他，刘备一看他举止大方，以为他不是卧龙，就是凤雏，热情地接待了他。

经过一番谈话，才知道这个人名叫徐庶，也是当地一位名士，因为听到刘备正在招请人才，特地来投奔他。

刘备很高兴，就把徐庶留在部下当谋士。

徐庶说："我有个老朋友诸葛孔明，人们称他卧龙，将军是不是愿意见见他呢？"刘备从徐庶那里知道了诸葛亮的情况。原来诸葛亮不是本地人，他的老家在琅邪郡阳都县（今山东沂南南）。他少年的时候，父亲死了，他叔父诸葛玄跟刘表是朋友，就带着他到荆州来。不久，他叔父也死了，他就在隆中（今湖北襄阳西）定居下来，搭个茅屋，一面耕地种庄稼，一面读书。那时，他年纪只有27岁，但是学识渊博，见识丰富，朋友们都很钦佩他，他也

徐　庶

常常把自己比作古时候的管仲、乐毅。但是他看到天下乱纷纷，当地的刘表也不是能用人才的人，所以他宁愿隐居在隆中，过着恬淡的生活。

刘备听了徐庶的介绍，说："既然您跟他这么熟悉，就请您辛苦一趟，把他请来吧！"徐庶摇摇头说："这可不行，像这样的人，一定得将军亲自去请，才能表示您的诚意。"

刘备先后听到司马徽、徐庶这样推重诸葛亮，知道诸葛亮一定是个了不起的人才，就带着关羽、张飞，一起到隆中去找诸葛亮。

刘备来到卧龙冈诸葛亮庄前，下马敲门，一童出来。

刘备说："我是汉左将军、宜城亭侯、领豫州牧、皇叔刘备，特来拜见先生。"

童子说："我记不得这一大串名字。"

刘备说："你只说刘备来访。"

童子说："先生今天早上就出去了。"刘备问："到什么地方去了呢？"

童子说："踪迹不定，不知道到什么地方去了。"刘备又问："什么时候回来？"

童子说："归期不定，或三五日，或十数日。"

刘备惆怅不已。

张飞说："既然见不着，咱们回去罢了。"

刘备说："且待片刻。"

关羽也说："不如先回去，再派人来探听。"

刘备只好同意关羽的建议，对童子说："如果先生回来，可说刘备来拜访。"

刘备等上马，走了没有多远，忽然看见一个人从山间小路而来，刘备想这大概就是卧龙先生，急忙下马向前施礼："先生是不是卧龙？"

这个人问："将军是谁？"刘备答："我是刘备。"

这个人说："我不是诸葛亮，我是他的朋友崔州平。"

刘备说："久闻大名，很高兴在这里遇到先生，还望您能坐下来跟我谈谈。"

崔州平同意了，两人相对而坐。

崔州平问："将军为什么想见诸葛亮？"

刘备说："今天下大乱，四方纷扰，想见诸葛亮求安邦定国之策。"

崔州平说："您以平定天下战乱为任务，虽然是出于仁慈的心，但自古以来，治乱无常。自汉高祖灭秦以后，是由乱而治，到哀、平之世二百年，太平日久，王莽篡逆，又由治而入乱；光武中兴，重整基业，又由乱而入治，至今二百年，人民安居已经很久了，所以战乱再度兴起。现在正是由治入乱之时，不可能突然安定下来。将军想使诸葛亮挽回天地，缝补乾坤，恐怕是徒劳的。难道将军没有听说'顺天者逸，逆天者劳''数之所在，理不得而夺之；命之所在，人不得而强之'的道理吗？"

刘备说："先生所说，的确是高见，但我刘备身为汉胄，应当匡扶汉室，怎么能听信这些宿命的话语呢？"

崔州平说："我是山野之夫，不足以议论天下大事，刚才将军问，所以随口胡说了几句。”

刘备说：“承蒙先生指教，但不知诸葛亮先生到什么地方去啦?”

崔州平说他也是来找诸葛亮，不知诸葛亮的去向。说完长揖而去。

刘备与关羽、张飞上马而行。张飞说：“诸葛亮访不着，却碰见这么个腐儒，闲谈了这么长时间!”

刘备说：“听听也有好处，这也是隐者的言语。”

三人回到新野，过了数日刘备派人打听到诸葛亮已经回来了，便命令备马前往。

张飞说：“这么一个乡野村夫，哥哥何必亲去，可派人唤来就是了。”

刘备对张飞说：“你难道不知道孟子曾经说过：‘欲见贤而不以其道，犹欲其入而闭之门也。’诸葛亮是当世大贤，怎么能召人家来呢?”

说完便上马再去拜访诸葛亮，关羽和张飞也只好乘马相随。

时值隆冬，天气寒冷，彤云密布。行了数里，忽然朔风凛冽，瑞雪霏霏；山如玉簇，林似银妆。

张飞说：“天寒地冻，尚且不用兵，难道适宜去见一个毫无用处的人，不如返回新野以躲避风雪。”

刘备说：“我正想让诸葛亮知道我的诚意。你如果怕冷，可先回去。”

张飞说：“死都不怕，还怕冷吗？我是怕哥哥空劳神思。”

刘备三人到达卧龙冈，在庄前下马，叩门问童子：“先生今日在家吗?”

童子说：“现在堂上读书。”

刘备大喜，跟着童子入内。走到中门，见门上大书一对联，上联是：“淡泊以明志。”下联是：“宁静而致远。”

刘备听有吟咏的声音，于是站在门侧看，见草堂上有一少年围炉而坐，刘备便上草堂施礼，说：“刘备久慕先生，无缘拜会。上次来到仙庄，没想到先生不在家。今天特意冒风雪而来，得以相见，实为万幸！”

那少年慌忙答礼说：“将军不会是刘豫州，想见我家哥哥吧？”

刘备惊讶地说：“先生又不是卧龙？”

少年说：“我是卧龙之弟诸葛均，我们兄弟三人：长兄诸葛瑾，现在江东孙权处为幕宾；诸葛亮是我的二哥。”

刘备问：“卧龙今天在家吗？”

诸葛均说：“昨天和崔州平出外闲游去了。”

刘备问：“去何处闲游？”

诸葛均说：“或驾小舟游于江湖之中，或访僧道于山岭之上，或寻朋友于村落之间，或乐琴棋于洞府之内。行踪飘忽不定，我也不知道他现在在哪儿。”

刘备说：“我的福分怎么如此浅薄，两次来都遇不到大贤。”

张飞说：“那先生既不在，请哥哥上马。”

刘备说：“我既然到了这里，为什么不留下一些话语。”便向诸葛均借文房四宝，给诸葛亮写了一封信，遂与关羽、张飞回到新野。

光阴荏苒，又到早春。刘备选择吉日，要第三次拜访诸葛亮。

关羽说：“兄长两次亲自拜谒，其礼太过了，料诸葛亮徒有虚名而无实学，故回避不敢见。兄为何这样想见此人！”

刘备说：“以前齐桓公想见东郭野人，去了五次才见了一面，何况我们见的是大贤呢？”

张飞说：“哥哥这话不对，就这个乡野村夫，怎么会是大贤！这次不用哥哥去，他如果不来，我只用一根麻绳将其绑来！”

刘备很不高兴地对张飞说：“你难道没听说过周文王拜见姜子牙的旧事

吗？文王都如此敬贤，你怎能这样无礼！今天你别去了，我和云长二人去。”

张飞说：“既然两位哥哥都去，小弟怎敢落后！”

三人乘马来到隆中，离茅庐还有半里，刘备便下马步行，正碰见诸葛均。

刘备问：“你的哥哥今天在庄上吗？”

诸葛均说：“昨晚才回来，将军今日可与他相见。”说完，飘然自去。

张飞说：“此人太无礼，带我们到庄上也不会耽误他多少时间，怎么只顾自己走了！”

刘备说：“人各有事，怎么能勉强别人呢。”

三人来到庄前敲门，童子出来说：“今日先生虽然在家，但正在草堂上，午睡未醒。”

刘备说：“既然如此，不要通报。”让关羽和张飞在门外等着。

刘备自己慢慢走进去，见诸葛亮仰卧于草堂的席子上酣睡。刘备站立在草堂的台阶下，过了半天，诸葛亮还没有醒来。

关羽和张飞在外边等了很久，不见动静，进去看见刘备在台阶下规规矩矩地立着，张飞大怒，对关羽说：“这先生为何如此傲慢！见我哥哥站在台阶下，他竟然高卧，酣睡不起。等我到屋后放一把火，看他起不起！”关羽再三劝住，刘备命令他二人到外边去等候。

刘备往堂上看时，见诸葛亮翻身好像要起来，可谁知诸葛亮翻了个身又朝墙睡着了。童子想禀报，刘备不让，又等了一个时辰，诸葛亮才醒，他翻身问童子：“是不是有客人来访？”

童子说：“刘皇叔在此，已经等了很久了。”

诸葛亮这才起身说：“为什么不早点告诉我！快点更衣见客人。”

不一会儿诸葛亮走出来。他身长八尺，面如冠玉，头戴纶巾，身披鹤髦，飘飘然有神仙之气概。

刘备一边下拜，一边说道："汉室末胄，涿郡愚夫，久闻先生大名，如雷贯耳。前后两次晋谒，不得一见。已留下书信，不知道先生看过没有？"

诸葛亮说："南阳野人，疏懒成性，承蒙将军枉临，不胜惭愧。"

两人还礼过后，诸葛亮说："昨天看过皇叔的留信，足见将军忧民忧国之心，但恨亮年幼才疏，会误您的事啊。"

刘备说："水镜先生的话，徐元直的推荐，决不会有假，还望先生多多指教。"

诸葛亮说："水镜、元直是当世之高士。我只不过是一个耕夫，怎么敢谈天下大事？这两人高抬我了，将军为什么舍美玉而求顽石啊？"

刘备说："大丈夫抱经世奇才，岂可空老于林泉之下？愿先生以天下苍生为念，多加赐教。"诸葛亮笑着说："我想听听皇叔的志向。"

刘备说："汉室倾颓，奸臣窃命，我不自量力，想要伸大义于天下，然而本人智术浅短，如今还没有一点成就，请先生开其愚而拯其厄，实为万幸！"

诸葛亮

诸葛亮说："自董卓反叛以来，天下豪杰并起。曹操势力不如袁绍，而最终能消灭袁绍，这不但依靠天时，也在于人谋。今曹操拥有百万之众，挟天子以令诸侯，此实在是不可与其争锋。孙权据有江东，已经过三世，国险而民附，此可以为援而不可图也。荆州北据汉、沔，可尽量利用南海的利益，东连吴会，西通巴、蜀，此用武之地，可是这块土地上的主人守不住这块土地。这是上天留给将军的，不知将军有意取否？益州险塞，沃野千里，天府之国，高祖因之成帝业；今刘璋暗弱，民殷国富而不知安抚百姓，救济穷人，智能之士，思得明君。将军既帝之胄，信义著于四海，总揽英雄，思贤如渴，要是将军能占领荆州和益州，凭着地形，保卫疆土，西边跟戎族和好，南边安抚彝、越，对外与孙权结盟，对内整顿政治，一旦天下有变，则命一上将率领荆州之兵进攻宛城和洛阳，将军亲率益州之兵以出秦川，百姓能不拿着吃的喝的以迎接将军吗？真要这样，则大业成，汉室可兴矣。这就是我诸葛亮为将军出的计谋，请将军仔细考虑。"

说完，诸葛亮命童子取出一张图，挂于中堂。对刘备说："这是西川五十四州之图也。将军想成霸业，北让曹操占天时，南让孙权占地利，将军可占人和。先取荆州为家，后取西川建基业，以成鼎足之势，然后可图中原。"

刘备听罢拱手谢曰："先生之言，顿开茅塞，使我如拨云雾而见青天。但荆州刘表，益州刘璋，都是汉室宗亲，我刘备怎么忍心抢夺之？"

诸葛亮说："我夜观天象，刘表不久人世；刘璋非立业之主，久后必归将军。"

诸葛亮这一席话，只几百个字，把天下大势分析得透透彻彻，明明白白，使刘备不禁打心眼里钦佩眼前这个青年人，说："先生的话真是开了我的穷，我一定照您的建议去做，现在就请您出山吧。”

诸葛亮看到刘备这样热情诚恳，也就高高兴兴地跟着刘备到新野去了。后来，人们把这件事称作“三顾茅庐”，把诸葛亮这番谈话称作“隆中对”。

从此以后，刘备把诸葛亮当老师对待，对人说：“我有了诸葛亮先生，就像鱼得到水一样。”诸葛亮也把刘备当作自己的主人，竭忠尽智。表面上看，刘备三顾茅庐是冲着诸葛亮来的，实际上起到的效果却远不止此。经过三顾茅庐，诸葛亮的名气一下子闻名天下，而刘备思贤若渴、礼贤下士的品格，更是不胫而走，很快传遍了天下。在当时的大乱之世，很多贤能之人都在等待明主，刘备这样对待诸葛亮，就相当于做了一个成功的广告。他不像曹操和孙权那样财大气粗，所以就得靠自己的仁德引起别人的注意。果然，刘备三顾茅庐后，不但得到了诸葛亮的一生效命，事业走上了新的阶段，同时也吸引了很多荆州的才能之士前来投靠。很快在荆州建立了自己的势力集团，为以后与曹操对抗、争夺天下，积累了雄厚的人力和智力资本。

第三节 曹操来了

建安五年（200），曹操在官渡之战中击败袁绍，进而统一了北方，占据了幽、冀、青、并、兖、豫、徐和司隶共八州的地盘，形成了独占中原的格局。接着他又挥师平定辽东地区的乌桓势力，基本稳定了后方地区，一时间成为当时历史舞台上不可一世的风云人物。

然而，对于雄心大志的曹操来说，统一北方地区，只能算作是万里长征走完第一步而已。他的宏伟目标，是扫平所有的割据势力，实现“天下混一”的理想。于是他便积极为南下江南的战争作准备：在邺城修建玄武池训练水军，并派人到凉州授马腾为卫尉予以拉拢，以避免南下作战时侧后受到威胁。一切就绪后，曹操紧擂战鼓，兴起大军，浩浩荡荡向南方地区杀奔而来。

当时刘表部下分为两派，各以一子为主。长子刘琦是刘表的前妻所生，贤而柔弱；少子刘琮是后妻所生，十分聪明。刘琮的母亲联合自己的弟弟蔡瑁等人阴谋废长立幼，以刘琮为继承人，因而时常有谋害刘琦的意思。刘琦心中危惧，却又苦无良策。

这时候，刘备让诸葛亮出主意，在刘琦最困难的时候伸出了援助之手。

一天，刘备从新野来到荆州，刘琦听说后，便去馆驿拜见他，并向他求问自全之计。刘备也因无良策，便转向诸葛亮，诸葛亮道：“这是刘公子的家事，外人不好多说。”过了一会儿，刘备送刘琦出门，凑在刘琦耳旁小声说：“明天我让诸葛亮回拜贤侄，到时候你如此这般，他一定会有妙计相告。”刘琦称谢而去。

第二天，刘备推说腹痛，委托诸葛亮替自己回访刘琦。诸葛亮不明就里，允诺前往。不一会儿，便来到刘琦门前。刘琦迎到后堂，献茶华，即向诸葛亮求计，诸葛亮仍以旧话拒绝，并且随即起身告辞。刘琦再三挽留，邀入密室共饮。饮酒之间，刘琦再次求问安身之策。

诸葛亮说：“这不是我敢为你谋划的。”说完，又要告辞。

刘琦道："先生不说就算了，为什么一定要走呢！"又说，"我有一部古书，想请先生看看。"说完，便陪诸葛亮登上了一座小楼。

诸葛亮问："书在哪里呢？"

刘琦并不回答，却哭拜道："继母不容，刘琦危在旦夕，先生忍心不发一言相救吗？"

诸葛亮闻言作色而起，立刻就要下楼，却见楼梯已经撤去。

刘琦说道："我想求问良策，先生怕有泄露，因而不肯说。今天上不着天，下不着地，出先生之口，入刘琦之耳，先生还不肯赐教吗？"

诸葛亮道："俗话说：'疏不间亲'，我怎么可以为您设谋呢？"

刘琦道："难道先生终究不肯教我吗？反正我的性命已经难保了，请让我现在就死在先生您的面前。"说完，拔剑就要自杀。

诸葛亮连忙阻止说："已有良谋。"

刘琦当即下拜说："请赐教。"

诸葛亮说："公子难道没有听说过申生、重耳的故事吗？申生在内而亡，重耳在外而安。当今黄祖新亡，江夏无人守御，公子何不向父亲要求去守江夏，如此便可以避祸了。"

刘琦听得此言，恍然大悟，遂再次拜谢诸葛亮，并且命人取来楼梯，送诸葛亮下楼。

诸葛亮辞别刘琦，回到馆驿，向刘备详细说了此事，刘备非常高兴。

第二天，刘琦上言其父刘表，说是愿意去守江夏。刘表犹豫不决，请来刘备商议。

刘备说："江夏系军事重地，当然不是随便什么人都可以去把守的，必须公子亲自前去。东南方面，由兄父子当之；西北方面，我刘备愿意当之。"

刘表果然同意，当下便命刘琦率3000兵去镇守江夏。

不久，刘表病死，刘琮继任荆州牧。时值曹操大军压境，刘琮不战而降。

于是刘备驻守的新野，便成了曹军首先攻击的目标。面对气势汹汹的曹军，有不少荆州地区的军民，自动跟随刘备的军队向南逃难。到了襄阳城，城内不少官吏和军队都来投靠刘备，诸葛亮劝刘备攻下襄阳城，联合各地的军队抗击曹军。刘备不忍心互相残杀，继续向南撤退。

曹操恐刘备占有江陵，于是率五千精锐骑兵急追。荆州民众极惧曹军，纷纷准备南逃，流民多达十余万之众。队伍行军迟缓，刘备部下劝弃众，速保江陵。刘备说："夫济大事，必以人为本，今人归吾，吾何忍弃之。"因而在当阳的长坂坡被曹操追及，刘备不顾妻小，只与诸葛亮、张飞等数十骑脱身逃走。刘备这种不肯舍弃人民的行为，颇为后人所称颂。

《三国志·蜀书·刘巴传》中说："先主奔江南，荆、楚群士从之如云。"在文言中，"人"和"民"的含义是有区别的。"人"主要是指士大夫阶层和作为统治基础的官吏、军队；"民"则主要指老百姓。

这时候，曹操的先锋部队已接近襄阳，刘备军队不得不继续向南撤到当阳县。一路上荆州地区跟着逃难的人越来越多，已有十多万人，大小行李车几千辆，路上尘土飞扬，道路堵塞，每天只能走十几里路。要到江陵还有三百多里地，照这样至少还得走一个月才能到，曹军很快就会追上。

刘备又召集部下商量，决定命关羽率领一万多名水军由汉水顺流先到江陵布置防卫，又派人到夏口通知刘琦，在江陵会师。张飞带领几百名士兵保护家眷。自己和诸葛亮率领主力军保护着难民慢慢撤退。

刘备的部下将领劝刘备赶快退到江陵，把难民丢下不管。刘备不肯，说："凡是成大事业的人，最重要是在得人心，现在这么多人都要跟着我走，我怎能忍心抛弃他们不管呢?”

接下来局面继续恶化，曹操担心刘备退守江陵，力量壮大了，以后不好对付。于是亲自率领五千精锐骑兵，白天黑夜马不停蹄，一天就跑三百多里路奔袭刘备，刘备的军队撤到当阳长坂坡时，曹操率军也赶到了。曹军轻骑兵一阵猛冲，刘备的军队没有防备，加上又要保护难民，抵挡了一阵，就被冲散了。

刘备大败，夫人、儿子都不知道哪里去了，幸存下来的士兵也不多了，在这种情况下，脱离他另外选择雄主，是人之常情。所以当赵云骑马朝曹操的阵营跑去的时候，很容易让人误解。

麋芳就是第一个误解的人，他急忙回去报告刘备说：“赵子龙投曹操去了。”刘备不相信，对麋芳说：“胡说，子龙是我的老朋友，怎么会反叛我呢?”张飞说：“大概是他见我们势穷力尽，去投靠曹操，以图荣华富贵了!”刘备说：“子龙跟我于患难之时，心如铁石，不是富贵所能动摇的。”麋芳却说：“我亲眼看见他投西北去了。”张飞说：“等我亲自去找他，如果撞见，一枪刺死。”刘备说：“千万不可随便乱怀疑。子龙此去，一定有他的原因。我肯定子龙决不会弃我而投降曹操。”

正是这种对部将的绝对信任，使得主从关系更加紧密，部将知道主人对自己是信任的，他们才会拼死保护主人的尊严、权力、财产和家庭成员等等，只要是属于主人的东西，他们会自觉地承担起保护的责任，而不用担心主人对于自己擅自行动加以责罚。赵云基于这样的考虑，才会觉得自己没有很好地保护好刘备的夫人和孩子而愧疚，于是不顾一切地返回曹军占领区搜寻刘备的夫人和儿子。

赵子龙与曹军厮杀，杀到天明，寻不着刘备，又丢失了刘备家小。赵云想：“主公将甘、麋二夫人与小主人阿斗，交给我保护，今日军中失散，有什么面目去见主人？不如决一死战，好歹要寻到二位夫人与阿斗的下落。”

赵云环顾左右，只有三四十骑跟着他，他拍马在乱军中寻找二位夫人和阿斗。只见百姓东窜西逃，号哭的声音，震天动地，中箭挨枪，抛男弃女而走的人，不计其数。

赵云一路搜寻的时候，看见简雍倒卧在草丛之中。赵云问：“看见二位夫人与阿斗没有？”简雍说：“二位夫人弃了车，抱着阿斗走了。我飞马赶去，转过一个山坡，被曹军一名将领刺了一枪，跌下马来，马被夺了去。我动弹不得，只好躺在这里。”

赵云给简雍弄了一匹马，派两个兵士护送他去见刘备，让他转告主公：“我上天入地也要寻到二位夫人及阿斗。如果寻找不到，便死在沙场。”

部将向自己的主人表达忠心的最好方式就是坚决彻底地完成任务，如果这是完全出于自觉自愿的，那么对于主人而言是最大的喜讯。刘备一直强调仁者平天下，他对手下的诸多将领也是宽厚为怀，不会随意怀疑身边的大将。这种起码的理解是相互的，部将们也都坦诚相待，遇到特别紧急的事情，可以先禀报再行动，也可以先行动后禀报，赵云就是这样的，所以他是在见到受伤的简雍后才想起需要一个人回去汇报他现在要做的事情。

赵云向简雍交代完事情后，拍马向长坂坡而去。忽听一人大叫：“赵将军去哪里？”

赵云问：“你是什么人？”

对方答：“我是护送车仗的军士，被箭射倒在这里。”

赵云便询问二位夫人的消息。军士说：“刚才我看到甘夫人披头散发，和一群百姓向南走了。”

赵云急忙往前追赶。只见一伙百姓，数百人相互扶持着向前走。赵云大叫：“这里边有甘夫人吗？”

甘夫人在后边看见赵云，放声大哭。赵云急下马哭着说：“使主母失散，是我赵云的罪过啊！糜夫人与小主人阿斗在哪里？”

甘夫人说：“开始我们在一起，后被曹军冲散，糜夫人与阿斗不知去向。”

正说着，又一支曹军冲来。赵云上马看时，前面马上绑着一人，乃是糜竺。背后有一将手提大刀，带着千余人马，乃是曹仁部下的一位将领淳于导。他抓住糜竺，正要去向曹操献功。

赵云大喝一声，直取淳于导。淳于导怎会是赵子龙的对手，被赵云一枪刺落下马，向前救了糜竺，夺了两匹马，请甘夫人上马，杀开条血路，直送甘夫人与糜竺到长坂坡桥。

张飞横矛立马于桥上，大叫：“子龙，你为何反我哥哥？”赵云说：“我寻不见二位夫人与小主人，因此落在后面，你何言我反？”张飞说：“要不是简雍先来报信，我现在见了你，能善罢甘休吗？”赵云问：“主公在哪里？”张飞说：“就在前面不远的地方。”赵云对糜竺说：“你保护甘夫人先去找主公，我去找糜夫人及小主人去。”说完，带领数骑再回旧路。

赵云插剑提枪，孤身杀入重围，他没有半点退心，遇到百姓便打听糜夫人的消息。忽然有一个人说：“糜夫人抱着阿斗，左腿中了一枪，行走不方便，坐在前面一座破场院内的地上。”

赵云听了连忙追寻，只见有一个人家，被火烧坏土墙，糜夫人抱着阿斗，坐在墙下一个枯井边啼哭，赵云急忙下马而拜。

糜夫人说：“赵将军赶来，阿斗有命了。希望将军可怜他父亲飘荡半世，只有这点骨肉。将军可保护阿斗去见他父亲，我死了就没有什么遗憾了！”赵云说：“夫人受难，是我赵云的罪过。不要多说话了，夫人请快点上马。我赵云步行死战，保护夫人和阿斗冲出重围。”

糜夫人说：“万万不可，将军怎么能够没有马呀。阿斗全靠将军保护，我已重伤，死了又有什么关系呢！希望将军快点抱阿斗离开，不要因为我而拖累你们。”赵云说：“喊声越来越近了，曹操追兵就要到了，请夫人快快上马。”

糜夫人说：“我走不动了，上马也不行，不要把我们都耽误了。”糜夫人将阿斗交给赵云说：“这个孩子的性命全在将军身上！”赵云再三地请夫人上马，夫人就是不肯。四面喊声又起。赵云厉声说：“夫人不听我的话，追兵如果到了，怎么办？”糜夫人把阿斗扔在地上，自己翻身跳入枯井之中自尽。

赵云见夫人已死，担心曹军盗走尸体，便将土墙推倒，盖住枯井。然后把阿斗裹在怀中，提枪上马。这时曹洪部将晏明来战赵云，没几回合便被赵云刺翻，赵云杀散众军，冲开一条路而行。

不久又遇到张郃在前面拦住去路，赵云和他战十余回合，不敢恋战，夺路而走。背后张郃死追，不料赵云的马跃入一个土坑。张郃挺抢来刺，忽然一道红光，从土坑中滚起，那匹马凭空一跃，跳出坑外。张郃见了，大惊而退，看来老天爷也帮助赵云。

赵云又往前走，前后各有两将截住去路。前面是焦触、张南，后面是马延、张颉，都是袁绍的降将。赵云拔出青钉剑乱砍，手起刀落，衣甲平过，血如涌泉。杀退众将，直出重围。

曹操在景山顶上，看见有一将，所到之处，威不可当，急问左右这将是谁。曹洪飞马下山大叫：“战将能不能留下姓名？”赵云答：“我是常山赵子龙也!”曹洪回报曹操。曹操说:“真是虎将啊,我一定要活捉他。”于是下令传报各处:“如果赵云来到,不准放冷箭,只许抓活的。”因此赵云才能摆脱这次危难。

这一场厮杀,赵云怀抱后主,直冲重围,砍倒大旗两面,枪刺剑砍,杀死曹营名将五十余员。

赵云杀出重围,血满征袍。正往前行,山坡下又撞上夏侯惇的部将钟缙、钟绅兄弟二人,他们大喊:“赵云快下马投降吧!”没有战几个回合,赵子龙先后将钟氏兄弟二人斩于马下。

赵云身上一点力气也没有了。这时,文聘又引军杀来。好不容易,赵云来到桥边,看见张飞立在桥上,大喊:“翼德快点来帮助我!”张飞说:“子龙快走,追兵由我来抵挡。”

一会儿,文聘带领军队追赶赵云来到长坂坡桥,只见张飞倒竖胡须,圆睁环眼,手持蛇矛,立马桥上;又看见桥东树林之后,尘土大起,他怀疑有埋伏,便勒住马,不敢近前。不久,曹仁、李典、夏侯惇、夏侯渊、乐进、张辽、张郃、许褚等都到了长坂坡桥边。

曹操的这么多大将看见张飞怒目横矛,立马于桥上,恐怕又是诸葛亮之计,都不敢向前。他们扎住阵脚,一字儿摆在桥西,派人飞报曹操。

曹操听到报告,急忙上马而来。张飞料到曹操心里起了疑心,亲自来看。他厉声大喊:“我是燕人张翼德,谁敢与我决一死战?”声音如同响雷,曹军听见,大都两腿发抖。

曹操回顾左右说:“关羽曾经对我说过,张飞在百万军中获取上将的首级,就好像探囊取物。今日相逢,不可轻敌。”

曹操话还没有说完,张飞又大喊:“燕人张翼德在这里,谁敢来决一死战?”

曹操见张飞如此气概，就有撤退的心思。张飞又喊："战又不战，退又不退，你们想干什么？"喊声未绝，曹操身边的夏侯杰吓得肝胆碎裂，掉下马死了。

曹操急忙掉转马头跑了，他的部将都跟着往西跑去。一时间曹操的士兵弃枪落盔，不计其数，他们还自相践踏，死伤无数。

曹操害怕张飞的神威，带领部下向西撤退。张辽和许褚赶上，看见曹操仓皇失措。张辽说："丞相不要惊慌，我想张飞只有一人，不用害怕他，现在马上杀回去，肯定可以活捉刘备。"曹操听到张辽的话，神色才有些恢复，下令张辽和许褚返回长坂坡桥探听消息。

张飞看见曹操带军一拥而退，他也不敢追赶，赶快令士兵把桥梁拆断，然后回去见刘备。

事后，刘备说："三弟十分勇猛，可惜不知道使用计谋。你如果不断桥，他怀疑有埋伏，不敢再追。现在你拆断了桥，他就会分析我无军而胆怯，必来追赶。曹操有百万之众，就是过江，也易如反掌，怎么会担心一座断桥呢？"

刘备急忙下令部队出发，从小路去沔阳。

果然，曹操知道张飞断桥之后，马上说："断桥而去是心里胆怯！派一万人，迅速搭起三座浮桥，今夜就要通过。"

李典说："这恐怕是诸葛亮的诈谋，不可轻进。"

曹操说："张飞一勇夫，怎么会有诈谋啊！"于是传下号令，火速进兵。

刘备一行逃到汉津，忽然看见后面尘土大起，鼓声连天，喊声震地。

刘备说："前有长江，后有追兵，怎么办好？"急令赵云准备抵敌。

曹操对部将说："今天刘备成釜中之鱼，阱中之虎，如果不在这里捉住他，就会放鱼入海，纵虎归山，众将可努力向前。”

众将领命，一个个奋勇追赶。

忽见坡后鼓声响处，一队军马飞出，大叫：“我在此等候多时了！”当头那员大将，手执青龙刀，坐下赤兔马，原来是关羽，从江夏借来1万兵马，探知当阳长坂坡大战，特从此路杀来助战。

曹操一看是关羽，即对众将说：“又中了诸葛亮的计了！”传令赶快撤退。刘备由此得到了一点喘息的时间。

再说赵云过桥后，又走了二十余里，看见刘备和众人在树下。赵云下马伏地而哭，刘备也哭了。赵云喘着气说：“赵云的罪过，死上万次也不为过。糜夫人身负重伤，不肯上马，为救阿斗，投井而死。我只好推倒土墙掩盖她。怀抱公子，身突重围，全靠主公洪福，幸而得脱。刚才公子还在怀中啼哭，怎么这会儿听不见动静，多是不能保了吧？”赵云急忙解怀来看，原来阿斗正睡着未醒，这才说：“幸得公子没有问题！”赵云将阿斗双手递给刘备。

赵 云

刘备接着阿斗，一下摔到地上，说：“为我这个孩子，几乎损失我一员大将！”赵云连忙从地下抱起阿斗，哭着说：“我赵云虽然肝脑涂地，不能报答呀！”

赵云单骑救阿斗的故事，历来是大家传诵的佳篇。赵云的忠心源于一种难得的相互信任，刘备从群雄中崛起，他需要的人才都是他凭借仁德从那些手握重兵的诸侯那里挖过来的，因此刘备格外珍惜这些跟随他的将领，赵云经历相对坎坷，但是他与刘备的交情却不浅，而且忠心耿耿，刘备自接纳赵云的那天开始，就相信赵云是个能帮助自己稳定权力的部将。这种相互间的信任是刘备的撒手锏，也是刘备能够遇难呈祥的法宝。

第四章 三足鼎立

第一节 生死存亡

在后汉末年的群雄角逐中，刘备是条件最差的一个。论家世，远不如袁绍、袁术；论武功，远不如吕布、孙策；论智谋，也远不如曹操；他又不像孙权有个比较稳定的根据地。他以一个县令起家，是最低微的出身，但即使是当县令也能不安于位。他东奔西走，先后依靠过公孙瓒、陶谦、曹操、袁绍、刘表，二十多年，还没有自己的地盘。

公元207年，曹操大军南征，刘表病死，刘琮投降，刘备带着十多万军民向南退走，又在当阳长坂坡被曹军追上，连夫人都顾不上，一直逃到夏口，才同关羽的水军会合。狼狈到如此地步，别人都认定他从此会一蹶不振，没有希望了。但物极必反，就在看似走投无路的情况下，刘备迎来了转危为安的生机。

刘备在樊城获悉刘琮投降的消息后，急忙率所部向江陵退却，并命令关羽率水军经汉水到江陵会合。江陵为军事重镇，是兵力和物资的重要补

长　江

给基地。曹操自然不甘心让它落入刘备之手，于是便亲率轻骑追赶行动迟缓的刘备军队，在当阳的长坂坡击败刘备，占领了战略要地江陵。刘备仅仅同诸葛亮、张飞、赵云等数十骑突围，在与关羽、刘琦等部会合后，退守于长江南岸的樊口一线。

刘备向南撤退时，孙权派鲁肃去荆州探听消息，在长坂坡相遇。鲁肃问刘备有什么打算，刘备回答说："苍梧太守吴巨是我的朋友，想去投奔他。"鲁肃说："吴巨是个平凡的人，又地处边远，怎么能依靠他呢？我们孙将军聪明而又尊重贤人，江东的英雄豪杰都投奔他，现在拥有六个郡的地方，兵多粮足，能够成就大业，我认为你不如与孙权结为同盟，共同抗曹。"刘备听了很高兴。

原来，早在曹操进兵荆州以前，东吴曾打算夺占荆州与曹操对峙。刘表死后，孙权就马上让鲁肃以吊丧为名去侦察情况。鲁肃抵江陵时，刘琮已投降了曹操，刘备正向南撤退，于是鲁肃当机立断，说明了联合抗曹的意向。处于困境的刘备欣然接受了这个建议。

接着，刘备听从鲁肃的建议，把军队调到长江南岸的樊口驻扎。一切准备工作做好以后，诸葛亮觉得单凭这点军队仍然挡不住曹操大军的进攻，就对刘备说："我愿亲自去江东，向孙权求救。"刘备同意了，就让诸葛亮和鲁肃一起去见孙权，商议联合作战的事情。

诸葛亮在江东是如何说动孙权的呢？他针对孙权观望不决的态度，分析形势，智激孙权。诸葛亮说：“现在曹操已统一了北方，又攻破了荆州，提兵朝江东而来。孙将军考虑一下自己的力量，如果能够对抗曹操，就应马上和他断绝关系；如不能对敌，趁早投降。现在孙将军外托服从之名，内心却犹豫不决，紧急关头而做不出决断，大祸就要临头了。”

孙权听了很不高兴，一下变了脸色，讥讽说：“照你说来，刘备为何不投降呢？”

诸葛亮趁机接着话茬说：“刘将军是大汉王室的后代，英才盖世，天下士人仰慕他就像江河归大海一样。如果事业不成，只是天意，刘将军哪能跪拜在曹操脚下呢？”

诸葛亮这一席话既是刺激孙权，同时又是警告孙权不能屈抑刘备。要联合必须是平等的联合，共抗曹操，就要承认刘备是荆州的主人。诸葛亮最后分析敌、我、友三方实力，指出共拒曹操的胜利前景。曹军虽众，但已成强弩之末。连续作战，非常疲惫，就像一支飞到尽头的箭镞，它的力量连一层薄薄的绸子也穿不透。刘备尚有精兵两万，又深得人心，是一股不可轻视的力量。何况曹军多是北方人，不习水战；荆州又是新占之地，人心不服。

最后诸葛亮说：“孙将军如能派猛将统兵数万，和刘将军同心协力，一定能够打败曹操。曹操兵败必然北逃，到那时，刘、孙两家势力增强，鼎足的局面就形成了。成败之机，在于今日。”

孙权对他的这番精辟分析深表赞同，可是当时东吴内部也存在着反对抵抗、主张投降的势力。长史张昭等人为曹军的声势所慑服，认为曹操“挟天子以令诸侯”，兵多势众，又挟新定荆州之胜，势不可当。双方实力

周　瑜

悬殊，东吴难以抗衡，不如趁早投降。张昭是东吴的重臣，颇有影响力，他这样的态度，使得孙权感到左右为难。这时，鲁肃就竭力密劝孙权召回东吴军事主帅周瑜商讨对策。

周瑜奉召从鄱阳赶回柴桑，他同样主张坚决抗御曹操。他以为：曹操虽已统一北方，但其后方并不稳定。马超、韩遂在凉州的割据，对曹操是潜在的重大威胁。曹操舍弃北方军队善于骑战的长处，而同吴军进行水上较量，这是舍长就短。加上时值初冬，马儿缺少饲料，北方部队远来江南，水土不服，必生疾病。这些都是用兵之大忌，曹操贸然东下，失败不可避免。紧接着，周瑜又向孙权分析了曹操的兵力，指出曹操的中原部队不过十五六万，并且疲惫不堪；荆州的降兵最多不过七八万人，而且心存恐惧，斗志低落。这样的军队，人数虽多，但并不可惧，只要动用精兵5万，就足以打败它。

周瑜深入全面的分析，使孙权更加坚定了联刘抗曹的决心。于是孙权便拨精兵3万，任命周瑜、程普为左右都督，鲁肃为赞军校尉，率军与刘备会师，共同抗击曹操。

建安十三年（208）十月，周瑜率兵沿长江西上到樊口与刘备会师。尔后继续挺进，在赤壁与曹军打了一个遭遇战。曹军受挫，退回江北，屯军乌林，与孙、刘联军隔江对峙。十一月，孙、刘联军沿江西上，进军赤壁，与曹军大战，取得了预期的胜利，为三国鼎立奠定了基础。赤壁之战胜利的主要条件就是孙、刘联盟，共同对敌。

在请诸葛亮出山之前，刘备只想到借助他人的力量来对付自己的敌人。所以他必须到处奔波，投靠别人。刘备虽然实力不大，但他走到哪里，哪里就有麻烦，这是为什么呢？原因是刘备走到哪里，矛盾就到了哪里。刘备借助吕布对抗曹操，后来又借助曹操消灭吕布。接下来靠袁绍抵挡曹操，投靠刘表对抗曹操。可以说，刘备用的是一个“借”字诀。但因为自己没有长远的战略，没有稳定的地盘，在借助别人的时候，往往是以丧失自己的主动性为前提。在这种情况下，即使每次都能成功，也无法壮大自己的实力。

第二节　赤壁大战

赤壁之战是中国历史上一场惊天动地的大战，而刘备是这场大战的一个主角，他谨慎地参与了所有的谋划过程，与孙权并肩战斗，确保了最后的胜利。

赤壁之战前，刘表一死，刘琮就投降了曹操。曹操不费一兵一卒就得到了荆州。这样一来，曹操要分兵占领大片土地，要收罗寄住荆州的各种人物，要抢夺大批物资，要建立曹家的新秩序。他无暇再去追击刘备，也

赤 壁

就无暇计较孙、刘的联合；而且，他又被这种轻易的胜利冲昏了头脑，认为从此大势已定。再加上手下将校士卒，乘战胜之威，抢掠金银财宝，甚至强抢民女，一个个变成了小财主。他们归心似箭，要回乡享乐去了。总之，在大获全胜的假象背后，曹操已经埋下了失败的祸根。

对刘备而言，他已是走到悬崖绝壁，“战亦死，不战亦死”，不如决一死战。孙权方面，眼见曹操气势汹汹，若不与刘备联合，江东自然难保。投降他不甘心，只能全力一战。这时孙、刘两家，仿佛“背水为阵”，已无退路了。

所以在赤壁之战的前夕，表面上，曹操乘战胜之威，以数十万大军压到长江，胜利在握。但他不知道形势已在暗中发生变化：自己方面的优势，因荆州的意外得手而大大削减；反之，敌人方面的劣势，却由于紧密团结和拼死抵抗的决心而转为优势了。

“人和”不在曹操这一边。而同时，“天时”“地利”也不在曹操这一边。

当年曹操南征刘表，刘表新死，刘琮在襄阳投降，于是曹操用轻骑急追刘备，刘备向南撤退，在当阳长坂坡一带遇上了曹军，被杀得七零八落，便同诸葛亮等人向东退却，退到樊口，商议同东吴联合拒敌。关羽则另率一军驻在夏口。

但是曹操不是向东追击而是向南直进，他以为先占领江陵是重要的，因为江陵积有大量粮食军械。这样一来，曹操大军就集中在江陵一带，反而让刘备有喘息之机了。

由江陵东面直到夏口西面，沿着长江北岸有几百里宽的一个沼泽地带，这里人烟稀少，道路不通，大船进不去，兵马不能驻扎，兵家叫作死地。曹操无法从陆路进击孙、刘联军，于是就走水路。

这一带的长江是非常曲折的，而且北岸是沼泽地，南面又有东吴军队把守，于是曹军只好沿着长江，进到赤壁。

曹军当时也占领了长江南岸一些地方，不料才一交战，就吃了败仗，只好退到江北。于是两军就在赤壁附近相持。

曹军不能在南岸展开，就注定了要失败，因为二三十万大军，一部分在船上，一部分在江北，而江北却是大片沼泽地，只能局促于江边一线，真可谓进退两难。

地形对曹军不利，对孙、刘联军却有利。

当有利因素开始出现的时候，刘备没有让它们溜走，而是稳稳地抓住了，他联合孙权，仔细谋划，谨慎准备，希望一举歼灭曹操的主力。

曹操占领江陵以后，参谋贾诩出主意，叫他在荆州先休整一段时间，操练军队，安定民心，巩固刚占领的地区，等准备好了再向东发展，去攻占江东。曹操却觉得很轻易就赶走了刘备，占领了荆州，收编了刘琮投降的部队，缴获大量的军事物资，使自己的兵力增强了，实力也雄厚了，对付孙权没有问题，就没有听贾诩的劝告。曹操把张辽、徐晃、程昱的军队，加上蔡瑁和张允带领的 7 万水军，组成庞大的船队。整个船队首尾相连有几百里长，24 艘战船连成一排，看上去就像一座水上长城，非常壮观。数百艘小船在周围巡逻，防止敌人偷袭。整整花费了一个多月的时间，才准备完毕。

这时，孙权和刘备方面也在积极做准备应战。孙权对周瑜说："你能打败曹操就和他打，如果打不过，就赶紧回来和我会合，我要和曹操做生死的较量。"

建安十三年（208）九月底，刘备也按照约定，率领部队由夏口顺流向东两百多里，驻扎在长江南岸的樊口，准备和孙权的军队会合，共同抗曹。

根据情报，曹操的大军已经准备从江陵出发了，刘备听不到诸葛亮和鲁肃的消息，他很担心，每天都派人去探听孙权军队的情况。没过多久，探马来报告说，孙权的先锋船队就要到樊口了。刘备立刻派孙乾去慰劳他们，看到周瑜也来了。周瑜请刘备上船见面，刘备见面赶紧就问周瑜带了多少人马，周瑜告诉他只有三万多人，刘备一听很失望。周瑜却信心十足地回答说，你就看我来打败曹操吧。接着周瑜率领着孙、刘联军向西去迎战曹军。

刘备回去后，越想越不对劲，暗中派关羽带领一部分人马，向北过汉水去做准备。假如周瑜失败了，也好留条后路，安全撤退。

十月底，周瑜把指挥部设在三江口，选择在赤壁附近的江面，作为决战的地点。周瑜又派经验丰富、熟悉地形和水性的老将黄盖、韩当做先锋部队的指挥，准备直接进攻曹军。紧跟在后面的是主力船队，周瑜和程普在中心进行指挥。吕蒙、凌统、太史慈的部队做陆军先锋，刘备的军队在后方的汉口附近，防备曹操的陆上进攻。

正像诸葛亮分析的那样，曹操的士兵多数是北方人，刚到南方，因为水土不服，许多人病倒了。长江风浪很大，这些士兵不习水性，船在江面上摇晃，许多人晕船。曹军和周瑜的水军打过几次小仗，都被打败了。有人给曹操出主意，用铁链把战船都连在一起，船上再铺上木板，就稳当了。这样一来，船果然稳固多了，就像在陆地上一样平稳。曹军士气也高昂起来。

大将程昱、张辽提醒曹操，提防着对方用火攻。曹操觉得，现在这个季节是刮西北风，周瑜的船在东南方向，如果放火，只会烧着周瑜的船，所以就没把这事放在心上。

黄盖也发现了曹军用铁链连船的弱点，就向周瑜建议说："敌人的军队比我们多得多，如果这样相持下去，对我们很不利，得赶快想办法攻破敌人才行。曹操把战船连在一起，行动不方便，我们用火攻的办法来打败他们。"周瑜一直也想用火攻，就是担心风向不对，弄不好会烧着自己。所以只能耐心地等待风向改变。要想火攻，离远了不行，得有人靠近曹军的战船。周瑜和黄盖商量，就派黄盖去。他要黄盖写了投降书，派了个能说会道的人送到曹操那里。信上说："从大势来看，用江东这么点兵力对抗曹公的百万大军，这是所有的人都看得清的。只有周瑜、鲁肃看不清形势，不自量力。现在我愿归顺曹公，我准备在双方交战时，率领先锋部队投降，指引曹公的兵马，直接进攻周瑜的指挥部，来报答曹公。"

曹操接到黄盖的降书，开始有些怀疑，又一想，信中说的倒有理，也就相信了，便和送信人约定：黄盖投降时，船上以插有画龙的旗为信号。

十一月十二日，风向突然变了，转成刮东南风。黄盖带领 10 艘大船，船上装满干柴草，用油浇上，外面裹上布，插上约定的旗号，又把灵活机动、便于作战的小艇拴在大船后面，乘着风势，向北岸飞速驶去。快接近曹操的战船时，黄盖让士兵举起火把，一起呼喊："黄盖来投降了！"曹军听见喊声以为黄盖真来投降了，都走出船舱观望。开始，曹操看见黄盖来投降，正在得意，后来发现不对劲儿，赶紧命令部下拦住快艇，但是已来不及了。黄盖命令士兵点着干柴，加速冲向曹军战船，然后跳上小艇撤退。这时，风势更猛，火借风势，风助火威，不一会儿，曹军的战船全着了。接着，岸上的营寨也起了火，曹军大乱。孙刘联军冲杀过来，曹军大败。

在弥漫的大火中，曹操带着残兵败将，匆忙顺着陆路，经过华容（今湖北监利县）向江陵逃去。正赶上刚下完雨，气温骤降，路上到处是泥，战马陷进泥潭中，很不好走。曹操命士兵每人抱一堆枯枝杂草，走在前面铺路，才勉强通过。一路上逃跑的士兵争先恐后，互相践踏，加上生病受伤的又死了不少。刘备、周瑜从水陆两线追击，一直追到南郡。曹操留下曹仁、徐晃守住江陵，乐进守襄阳，自己率领人马回北方去了。以后曹操再也没有力量向南发展了。

赤壁之战，曹操自负轻敌，指挥失误，加之水军不强，终致失败。孙权、刘备在强敌面前，冷静分析形势，结盟抗战，扬水战之长，巧用火攻，创造了中国军事史上以弱胜强的著名战例。

战后，刘备乘胜取得武陵、长沙、桂阳、零陵等四郡，次年又任荆州牧，并以荆州为基础，进据益州。曹操吸取失败教训，大兴水军，进控江淮，与孙权对峙。孙权为抗曹，继续与刘备联盟，任其在荆州发展。因此刘备得到一块较好的地盘，结束了飘荡生涯，三国鼎立格局逐渐形成。

第三节 赖上荆州

荆州是个大州，在江北：北面南阳、新野、襄阳，都属南阳郡，辖地有现在河南南部、湖北北部和陕西南部；东面的江夏郡，辖地有现在湖北东部；西面的南郡，辖地有现在湖北中部和西部，合起来相当于两个省。加上刘表统治荆州十八年，没有参加其他诸侯的战争，因此人口繁盛、人才集中、地方富庶、物资充实。在曹操看来，它简直是一大块肥肉。荆州还是兵家必争之地，如占据了它，既能够控制今湖北、湖南地区，又可以顺江东下，从侧面打击东吴；向西进军则可以夺取富饶的益州。

因此，从公元201年到公元208年赤壁之战前，刘备在依附刘表的这段时间内，主要把精力放在经营荆州上。

刘备初到荆州，刘表对他表面上很尊重、很客气，内心里对他又很不放心，虽然给予刘备很高的礼遇，但是却不敢重用他，最后还让刘备带少量的士兵远屯百里之外的新野。曹操出兵塞外北征乌桓时，刘备的确曾劝刘表袭击许都，但刘表没有听从，失掉了一个很好的机会。后来刘表很后悔，刘备对他安慰一番，劝他不要再放过以后的机会。刘备知道刘表是不会用他的计谋的，也不会对他委以重任或让他带领大军出征，而且当时控制荆州实权的蔡瑁等人一直对他采取冷淡、排挤的态度，他之所以耐着性子留下来，主要是为了荆州这块地盘，为了立足荆州打基础，成就一番大

桃园三结义石雕像

事业。

正是从这个战略思想出发，刘备用心结交刘表的两个儿子，特别是跟刘表长子、起初被定为荆州继承人的刘琦关系密切；他注意广泛结交名士，招揽人才，屈尊礼贤，包括拜见水镜先生司马徽，三顾茅庐访诸葛亮；同时，他体恤百姓，布施仁慈，使民众都知道他宽仁爱民，在荆州树立起很高的声誉和深得人心的政治家形象。正由于他对荆州悉心经营，当曹军南下时，荆州民众有十余万人跟着他撤走，许多荆州士人也先后聚集到他的周围。他虽然一时被曹操击败失去了荆州，但后来还是在荆州扎下了根，取得了一块创立霸业的重要基地。

刘备要成就霸业，必先得到荆州。而曹操挥师南下，一度使刘备的荆州梦近乎破灭，幸亏鲁肃从中斡旋，刘备才能与东吴联合起来。可是当时的孙刘联盟，东吴处于主导地位，刘备在实力上还不可能与东吴正面交锋，于是只好生出个法子来借荆州，利用一个“借”字，来达到他据有荆州争霸图强的政治目的。但荆州也不是好借的，东吴方面，特别是周瑜，是何等精明之人，岂能让刘备的图谋轻易得逞？于是围绕借荆州与反对借荆州展开了一场明争暗斗。

曹操从南取荆州到赤壁战败，匆匆而来，匆匆而去，未能在荆州站稳脚跟，北归时也只对南郡做了重点防守。他急于回到北方也是必然的，因为，如果他多年经营的老巢出了问题，就可能不再有他这个挟天子以令诸侯的汉朝丞相了。他要保持自己的政治实力，继续发展自己的政治势力。

孙权通过赤壁之战成了大赢家，不但保住了江东祖业，而且迅即扩展了自己的势力。赤壁之战后，孙权一方面围合肥，攻当涂，占领了丹阳的黟县和歙县，向南扩展；另一方面，进攻荆州向西扩展，并进而想向益州扩展。西占荆州是其重点，由周瑜直接指挥。

起初，刘备、周瑜追击曹操，一起向南郡进攻，周瑜、程普率领几万人马与驻守江陵的曹军大将曹仁隔江对峙，双方相持不下。周瑜部将甘宁率兵西上，想先取夷陵，结果被曹仁派兵包围，形势危急。周瑜、程普亲自前去解围，大破曹军，得胜而归。周瑜一鼓作气渡过长江，驻兵北岸，对江陵形成包围之势，与曹仁进一步相持。经过多次激战，曹军伤亡惨重，曹仁不得不放弃江陵北走。

周瑜攻克江陵前后用了一年多时间。刘备趁周瑜与曹仁相持之际，率军向南进攻，夺取了荆州在长江以南的武陵、长沙、零陵、桂阳四郡。长江以南荆州之地，除南郡一部分地方外，都为刘备所有。此时，刘备实力开始增强，正式成为一方势力，有了自己的正式建制。任命诸葛亮为军师中郎将，督察零陵、桂阳、长沙三郡，征收赋税，充实军资；任命偏将军赵云兼任桂阳太守。刘备虽有江南四郡，但荆州最重要的南郡在孙权手里。刘备的目标，是要把南郡据为己有。

为此，刘备在赤壁之战后向朝廷推荐刘表长子刘琦为荆州刺史，推荐孙权为代理车骑将军，兼任徐州牧，他这样做：一方面，不让东吴占去了荆州刺史这个职位；另一方面，又用推荐孙权换取孙权推荐自己的好处。

不久刘琦病故，孙权果然推荐刘备兼任荆州牧。刘备当上了荆州牧，便向周瑜提出要一些地盘。周瑜攻下江陵后，孙权任命他兼任南郡太守，坐镇江陵，同时任命程普兼任江夏太守。周瑜不肯多给刘备地盘，只把长江以南属于南郡的部分分给了刘备。

刘备在荆州站住了脚，原来刘表的部属大多数归附到刘备手下。刘备以周瑜给他的地盘太小、不足以安身为由，于公元210年，亲自去见孙权，请求把荆州都交给他管理。当时孙权在京口，刘备自公安去京口，不远千里，可见他都督荆州的心情之迫切。孙权则建议跟刘备一起攻占益州，攻占了益州后，要刘备出让荆州。刘备既想要荆州，又想得益州。这时的刘备已经不满足现有的地盘，他决定依靠自己集团的力量去占据益州，可他同时担心孙权会借机攻击荆州，如果荆州一旦丢失，他的所有计划将化为泡影，为此刘备对留守荆州的将领做了精心的安排，这样就稳定了刘备集团在荆州的统治。

周瑜得知刘备去京口向孙权借荆州，马上发书信给孙权，坚决反对。信中称："刘备具备枭雄品貌，而拥有关羽、张飞这样的熊虎将帅，必定不是愿意久居人下的人，我的计策是将刘备迁到吴国来，替他修筑华丽的宫殿，以美女来服侍他。将他的两员虎将分开，各自管理一块地域，然后用像我周瑜这样的将领统率他们作战，大业一定能够成功。"周瑜认为刘备不是等闲之辈，对他早有戒心，现在如果还要多割地给他做资本，就会使他像蛟龙得雨，终究不会再留在水池中了。所以他提出趁此机会把刘备扣留在东吴。

周瑜这个计谋的确很厉害，但没有被孙权采纳，孙权也没有答应把荆州借给刘备。刘备回到公安后很久，才得知其中的内幕，为此十分感慨，也深为自己庆幸。因为当初诸葛亮劝他不要亲自去东吴，正是担心他去了就回不来了。刘备说当时自己的处境危急，不得不去，看来此行实在危险，差点栽在周瑜手上。

孙权没有采纳周瑜的建议，是因为曹操尚在北方，他应当广揽英雄。也正是从孙刘联合抗曹这个大局出发，他不但不能得罪刘备，而且还要巩固与刘备的联合。所以当刘备取得江南四郡、扎营公安时，孙权担心刘备势力大起来以后不跟东吴联合，遂于公元 209 年特意将自己的妹妹许配给刘备。孙刘结成亲家，有利于稳固孙刘联盟。

前面提到的周瑜的计谋，的确巧妙，但再巧妙也绝不应该把孙夫人当作“美人计”的诱饵。当初孙坚与吴太夫人生有四男一女，一女即为孙权之妹。孙权之妹生长在这样一个世家，又是独生女，生性刚猛，服侍他的婢女有一百多人，都是拿着刀剑站立在她的左右，使得刘备每次入内宅，常有一种恐惧感，这是可以理解的。

要说周瑜之计与孙权嫁妹有什么联系的话，那恐怕就是周瑜想利用刘备是东吴女婿这一点，更便于把刘备扣留在东吴。历史上，孙夫人嫁给刘备，是一种政治联姻。孙夫人既不是周瑜所施“美人计”的牺牲品，更不是有人说的“国际女间谍”。刘备与孙权妹妹成婚后，曾经一度迷恋孙夫人的美貌而忘记了自己的身份，正当孙权和周瑜的计谋就要得逞的时候，刘备的副将赵云奉军师诸葛亮的命令，运用计谋，唤醒了混沌中的刘备。刘备在孙夫人的帮助下，顺利地回到了荆州，使得孙权和周瑜的计谋再度失败。

周瑜见一计不成，又生一计，专门到京口见孙权，提出跟孙坚的弟子孙瑜一起进取西蜀，兼并汉中，结好关西马超，然后回头跟孙权一起占据襄阳，紧逼曹操，进而规划进取北方。周瑜的这个建议，也是用来对付刘备想借荆州的重要谋略。但周瑜在回江陵的途中发了病，很快病故于巴丘，时年36岁。

周瑜在病势沉重之际，给孙权发出书信。信中一再强调：现在曹操在北方，双方边境战火还没有平息，而刘备借着荆州，始终不还，如同喂养着的一头老虎，随时可能威胁东吴的安全，这正是臣子和将士们担心的事情，周瑜在信中劝谏孙权好好思虑运筹。周瑜的临终书信，实际上是告诫孙权不要轻易把荆州借出去。孙权对失去周瑜十分悲痛，亲自迎其灵柩于芜湖。

周瑜病故后，孙权按照周瑜临终的推荐，由鲁肃接替其职，同时任命程普兼任南郡太守。鲁肃一贯主张联合刘备抵抗曹操，接替周瑜后，他劝说孙权把荆州借给了刘备。刘备终于借到了荆州也就是得到了南郡。如果周瑜在世，刘备不但借不到荆州，而且很可能在荆州待不下去，刘备借到荆州实在侥幸之至。而荆州一旦到手，刘备真如蛟龙得雨，可以腾云驾雾大显其威了。

孙权雕像

鲁肃答应借地给刘备，约期等刘备夺取西川就还，可他不知道这是刘备的托词。鲁肃根本不了解刘备的真实面目，结果慷慨借出去的地，怎么也收不回了。诸葛亮协助刘备导演了这场“赖账”的戏，刘备也充分利用他哭的本领，让老实的鲁肃频频上当，荆州至此牢牢控制在刘备的手中。

刘备占了西川后，孙权便召张昭、顾雍商议："当初刘备说取了西川，就还荆州。他今天已得蜀四十一州，就应还我荆州，如其不还，便动干戈。"

张昭说："东吴方宁，不可动兵。我有一计，可使刘备将荆州双手奉还主公。"

孙权问该怎么办。

张昭说："刘备依靠的是诸葛亮，而诸葛亮之兄诸葛瑾在我东吴，可将他的家小扣起来，派诸葛瑾入川告诉他的弟弟，让诸葛亮劝刘备交还荆州。如果不归还，就要连累其兄的家小。"

孙权说："诸葛瑾是个诚实君子，我怎忍心扣其家小？"

张昭说："明白告诉他这是计策，他自然放心。"

孙权从之，一面把诸葛瑾的家小假扣起来，一面打发诸葛瑾入川。

不几日，诸葛瑾到了成都，先派人报知刘备。

刘备问诸葛亮："你的哥哥到这里来是为了什么？"

诸葛亮说："是为要荆州而来。"

刘备问："如何对付？"诸葛亮说只须如此如此，刘备心领神会。

计策已定，诸葛亮出去迎接其兄。诸葛瑾见了诸葛亮，放声大哭，诸葛亮问："兄长有什么事情直接说，为什么痛哭呢？"

诸葛瑾说："我一家老小完了！"

诸葛亮说："莫非为还荆州之事，因为我的原因，使兄长一家老小受牵连，我心里很是不安啊！哥哥不要担心，我自有还荆州的办法。"诸葛瑾特别高兴，马上同诸葛亮去见刘备。

刘备看了诸葛瑾呈上来的孙权的信，大怒说："孙权既然把妹妹嫁给我，却趁我不在荆州，将妹妹偷偷接回，情理难容！我正要大兴川兵，杀向江南，报我之恨，现在他还敢得寸进尺，索要荆州？”

诸葛亮马上哭拜于地，说：“孙权扣下我兄长家小，倘若不还，我兄全家将被害。兄长如果死了，我难道还能一个人活在这个世上吗？希望主公看在我诸葛亮的面子上，把荆州还给东吴。”

刘备再三不肯，诸葛亮只是哭求。

刘备才说：“既然这样，看在军师面上，把荆州的一半即长沙、零陵、桂阳三郡给孙权。”

诸葛亮说：“请主公写信与关羽，命令他交还这三郡。”

刘备写了信，交给诸葛瑾，并说：“我二弟性情如烈火，你去后要好言求他。”

诸葛瑾拿着刘备的信，到荆州交与关羽，关羽看了刘备的信，马上变了脸色说：“我与兄桃园结义，誓死共扶汉室，荆州本是大汉疆土，怎么能给他人呢？更何况‘将在外，君命有所不受’。虽然我大哥有信，我就是不给。”诸葛瑾说：“现在吴侯扣我家小，如果不还荆州，我的家人肯定会被杀，希望将军可怜他们！”关羽说：“这是吴侯的诡计，怎能瞒得过我。”

诸葛瑾说：“将军为什么这样不讲情面？”

关羽拿剑在手说：“不要再多说了，我的这把剑是不讲情面的！”

关平在一旁说：“还望父亲息怒，军师面上不好看。”

关羽说：“要不是看在军师面子上，叫他回不去东吴。”

诸葛瑾满面羞惭，又到西川去见诸葛亮，而诸葛亮出巡去了。他只得再见刘备。刘备说：“我这个弟弟性急，很难跟他说上话。你先回去，等我取了东川、汉中诸郡，调关羽去镇守，那时就交还荆州。”

诸葛瑾不得已，只好返回东吴见孙权，说了事情的经过。孙权气急败坏，找来负责担保的鲁肃，令他想办法夺回荆州。

鲁肃向孙权献计说："我有一个计策：现在派军队驻扎在陆口，派人邀请关羽来参加宴会，如果关羽肯来，以好言说服他；如果他不顺从，埋伏下来的刀斧手就把他杀了。如果他不肯来，我们马上进兵，与他决战，夺下荆州。"孙权同意了鲁肃的这个建议。

鲁肃来到陆口，召集吕蒙、甘宁商议，把宴会设在陆口寨外的临江亭上，派人请关羽赴宴。

关羽看过鲁肃的信后，对来人说："既然子敬来邀请，我明日就去赴宴，你可以先回去。"

使者走后，关平说："鲁肃相请，一定不会有什么好事，父亲为什么答应呢?"

关羽笑着说："我怎么会看不出来？这一定是诸葛瑾回去禀报孙权，说我不肯归还三郡，所以命令鲁肃屯兵陆口，邀我去参加宴会，以便索要荆州。我如果不去，人家会说我胆小。明天我独自驾小舟，只用亲随十几个人，单刀赴会，看鲁肃能把我怎样!"

关羽木雕像

东吴使者回报鲁肃，说关羽答应赴会，明日准到。吕蒙对鲁肃说："关羽如果带领军马来，我与甘宁每人带领一队士兵埋伏在江岸的边上，以放炮作为号令，准备断杀，如果他不带军马来，只在庭后埋伏刀斧手50人，在宴会间杀掉他。”

第二天，鲁肃在江边等候关羽，这时他们看见江面上有一只船驶来，艄公、水手只有几个人，一面红旗，迎风招展，显出一个“关”字来。船慢慢靠岸，鲁肃等人看见关羽青巾绿袍，坐在船上，旁边周仓捧着大刀，八九个关西大汉，各挎腰刀一口。

鲁肃惊疑，接入庭内，入席饮酒，大家举杯劝关羽，都不敢仰视。关羽则谈笑风生，镇定自若。

酒至半酣，鲁肃开口了：“我有一句话想告诉您：过去您哥哥刘皇叔，让我在我主公面前担保，借荆州暂住，说是取下西川之后便还。现在刘备已经得到西川，而荆州还没有归还，这不是失去信义了吗？”

关羽说：“这是国家大事，吃饭的时候不要谈论。”

鲁肃怎肯罢休，又说：“我主只有区区江东这块小地方，而肯借荆州，是想到刘备兵败远来，无立足之地。现在已经得到益州，那么荆州理应归还了，皇叔已肯将长沙等三郡先还东吴，而您又不答应，恐怕于情理上说不过去吧！”

关羽说：“乌林战役，左将军亲冒矢石，勠力破敌，难道让我们白白浪费劳力而不给一点土地作为奖赏吗？现在你怎么还来索要这个地方啊？”

鲁肃说：“不是这样的，当时您和皇叔一起在长坂坡大败，计穷力竭，将要逃窜。我主公可怜皇叔没有安身的地方，把荆州借给你们，以图后功；而皇叔已得西川，又占荆州，贪婪而又背信弃义，恐怕会被天下人耻笑吧，希望您好好想想。”

关羽说：“这是兄长之事，不是我应过问的。”

鲁肃说：“您与皇叔桃园结义，誓同生死，皇叔就是您，为什么还要推脱呢？”

关羽还没回答，周仓在阶下厉声说：“天下土地，只有有德行的人才能拥有，怎么能仅仅是东吴的呢!”

关羽变色而起，夺过周仓手里的大刀，立于庭中，看着周仓而训斥说：“这是国家大事，你怎么敢说这么多！快点退下!”周仓明白关羽的意思，先到岸口，把红旗一招，关平事先准备好的船如同射出的箭一样，奔江东而来。

关羽右手提刀，左手挽住鲁肃的手，假装醉了，说：“您今天请我赴宴，不要提荆州之事。我已经喝醉，恐怕会伤害故旧的情义。改天派人来请您到荆州赴会，另作商议。”鲁肃吓得魂不附体，被关羽拉到江边。吕蒙、甘宁想动手，但见关羽手提大刀，亲握鲁肃，担心把鲁肃伤着，于是不敢动。关羽到了船边，才放手，并与鲁肃告别。鲁肃如痴似呆，看着关羽的船乘风而去。

这就是历史上著名的单刀赴会，关羽凭借自己超人的智勇，化解了这场危机。

关羽虽然神勇，可惜的是，他有一个致命的弱点——“刚而自矜”。东吴的吕蒙、陆逊针对关羽的致命弱点设置了一系列的连环计来对付关羽。樊城之战时，关羽把荆州重兵调来对付曹兵，荆州空虚，被吕蒙偷袭得手，关羽被迫败走麦城，最后被东吴所杀。

荆州失利，完全是刘备、关羽造成的。诸葛亮在《隆中对》中，就为刘备集团定下了“外结孙吴，内修政理”的既定国策，而且成功地推动了孙刘联盟，取得了赤壁之战的辉煌胜利。但这一国策又和“跨有荆益，保其岩阻”的战略设想是冲突的。在荆州的归属与争夺上，常常导致联盟的危机。因此，留驻荆州的人选应是既能寸土不失，又能顾全大局，缓和孙刘冲突，谨慎从事的人。而关羽虽称万人敌，但刚愎自用、缺乏大局观，实在是不能当此重任，所以刘备以关羽为荆州留守，是极大的错误。

关羽死后，刘备以倾国之兵贸然伐吴，这里面虽然有报仇心切的因素，但更多的还是为了夺取荆州。

首先，失去荆州就失去了战略主动权，其战略目标就没有办法实现。因为如果从汉中东进配合祁山作战将受阻于襄阳，而失去了荆州将对襄阳的作战由两点（汉中延汉水、江陵延汉水）变为单点，根本无法实现“隆中对”的设想。

其次，失去荆州就失去了江汉平原的补给。蜀汉的根本除了主观上人才优势之外，客观上江汉平原的补给也是很关键的问题，这个问题从后来诸葛亮守国的困苦中可以明显地反映出来。

再次，如果西陵、夷陵没有失去，就可以通过西陵、夷陵夺取江陵，而且西陵、夷陵的失去将意味着巴东没有屏障，这关系到蜀汉的生死问题。所以问题的关键就是夺取西陵、夷陵，夺取西陵、夷陵才可以将主动权重新夺到蜀汉一方来。

最后，当时蜀国虽然在两川，可政权的主要力量还是以荆州人为主，所谓“荆州人贵”，所以大多数荆州人都希望能收回荆州。

总之，荆州就是刘备的命根子，他帝王事业的飞速发展就是从得到荆州开始起步的，而后来荆州失守，不仅使蜀汉政权“跨有荆益”的战略设想成为泡影，而且导致了孙刘联盟破产，导致了夷陵之战的失败，大大削弱了蜀汉的力量。至此，刘备兴复汉室以统一天下的心愿化作了泡影。

第四节 孙刘联盟

表面上看来，孙权和刘备联手是因为强敌压境，两家为了避免彻底覆灭的命运，才不得不结成了联合抗曹的军事同盟。其实，诸葛亮在隐居隆中时，就已对天下大势分析得透彻淋漓、入木三分，并且提出了联吴抗曹的战略思想。只不过赤壁之战给孙刘联盟提供了一个绝佳的机会。

诸葛亮是孙刘联盟的设计者和缔造者，也是它的维护者和巩固者。在他看来，孙刘联盟是一项基本国策，而不是权宜之计。然而，这个正确的外交政策并没有一直顺利地执行下去，因为孙刘之间存在利害冲突，驻守荆州的大将关羽也没有很好地执行联吴抗曹的战略方针。双方在争夺荆州的过程中，关羽被吴国所杀，荆州亦为吴国所并。刘备一怒之下，亲率大军与吴国展开了夷陵之战，刘备战败，病卒于白帝城，吴蜀联盟受到破坏。

蜀国在与吴国的这场战争中，损失很大，元气大伤，又值汉主新丧，人心惶惶。诸葛亮审时度势，权衡利弊，决定恢复吴蜀联盟。因为弱小的蜀要与强大的魏为敌，非先争取吴的友好不可，纵然不能使之协同攻魏，蜀亦可无东顾之忧，而得全力对魏；魏则不能不以相当大的一部分兵力防吴。因此，诸葛亮于辅政之初，即遣使赴吴。

诸葛亮正在考虑选派谁去完成这一重要使命的时候，尚书郎邓芝来向他建议说："现在主上幼弱，初即帝位。应该派遣使臣去吴国，重申和好。"诸葛亮一听，非常高兴。他见邓芝很有政治头脑，懂得与吴结好的重要性，便决定派他出使吴国。

公元221年，在诸葛亮辅政半年之时，他就命邓芝以中郎将的身份，带着名马、蜀锦等礼物去江东，以完成结好吴国的使命。

邓芝来到吴国时，由于当时吴国还没有同魏国断绝臣属关系，所以孙权犹豫不决，迟迟不肯见邓芝。邓芝给孙权上表说："我今天前来不只是为蜀国的安危考虑，也是为吴国考虑。"孙权才接见了他，但谈话中仍担心蜀弱魏强，不能自我保全。

邓芝向孙权解释说："吴与蜀两个国家占据四个州的地域，大王您是著称于当世的英雄，诸葛亮也是一代豪杰。蜀国拥有多重险要的地势，吴国也有大江的险阻可守，这两方面的长处合在一起，唇齿相依，进击可以兼并天下，退守可以鼎足而立，这是很自然的道理。大王如今要是归顺魏国，魏国一定上则要求大王入朝拜见，下则要求将太子送往魏国做人质。如果不依从他的意思，他就会挟天子之命来讨伐吴国，蜀国也会顺长江而下趁机进逼。这样一来，江东之地就不会再属于大王所有了。"孙权觉得邓芝的话确有道理，于是便与魏断绝关系，与蜀联合。

公元224年，诸葛亮又派邓芝再次出使吴国。这次孙权见到邓芝，就问他："如果将来灭掉魏国，天下太平，我们两国分治，不也是很好的事吗?"邓芝坦率地回答说："天无二日，地无二主。假如将来灭掉魏国，大王不能深知天命的话，两国的君王各行其德，大臣们各尽其忠，将帅整顿兵马，然后摆开战场，再分高低。"孙权听了大笑，说："先生真坦诚，讲的是实在话啊!"他在给诸葛亮的回信中夸奖邓芝说："能使两国和解并结盟的人，只有邓芝。"

自此，诸葛亮始终注重维护和发展两国的友好关系。他南征回成都后，又派费祎、董恢出使吴国。费祎每次奉命出使，都甚合诸葛亮之意。孙权也很赏识费祎，有一次竟很高兴地把自己身佩宝刀赠送给费祎。费祎拜谢说："臣以不才，何堪受此嘉赏？刀原本是用来讨伐反叛、禁止乱逆的。但愿大王勉建功业，和我国一起同兴汉室。臣虽愚弱，绝不会辜负大王同盟相待之意。"孙权听了，不住地点头赞许。

公元 229 年，孙刘联盟又一次出现了危机。这年孙权即位称帝，派使臣到成都，要求互尊帝位。蜀国大臣多表示反对，诸葛亮从实际政治、外交的利害关系出发，顾全大局，认定蜀国最大的敌人是魏国，保护孙刘联盟，共同对敌，比争正统更为重要。他说："孙权有僭逆之野心已经很久了，我所以不予深究，主要是求其为掎角之援罢了。目前如果与之断绝关系，吴国必定十分仇恨蜀国，我们势必转移兵力加强东方防卫。与吴国对抗，必须先兼并吴国国土，才能谈论进取中原。可是，吴国贤能的人才还很多，文武将相和睦，不可能一朝平定。以前孝文帝对匈奴出以谦卑之辞，先帝宽容大度与吴国结盟，都是权衡形势，随时变通，绝非如匹夫一时愤恨用事。而今议论的人都以为孙权的利益在于鼎足之势，不能与我们合力，而且已经踌躇满志，没有北伐的愿望，这样的推断，都是似是而非。为什么呢？因为孙权的智谋和实力不够，所以以长江为界保全自己；孙权不能越江北上，犹如魏贼不能渡过汉水南下，并不是力量有余、形势有利而不去夺取。如果我们大军攻魏，孙权的上策当是分占魏的土地图谋发展，下策当是劫掠民众开拓疆域，绝不会坐视不动。即使他不动而与我们和睦相处，我们北伐，就会没有东顾之忧，魏黄河以南的部队为了防备吴国的袭击，也不可能全部向西调动。所以对孙权僭号篡逆之罪，不宜公开表态反对。"

为了表示继续与孙权友好，诸葛亮派卫尉陈震为使者，到吴国祝贺孙权登基称帝。陈震到吴国，与孙权登上祭台，歃血定盟，缔结军事攻守盟约，共分天下。盟约规定，消灭魏国后，徐州、豫州、幽州、青州归吴国，并州、凉州、冀州、兖州归蜀国。剩下的各州，以函谷关为界平分。盟约还说："双方勠力一心，同讨魏贼……若有害蜀，则吴伐之；若有害吴，则蜀伐之。各守分土，互不侵犯。"军事同盟的缔结，使吴蜀关系得到进一步发展、巩固。双方使臣，往来更加频繁。

在北伐中，蜀国也得到过吴国的出兵支持，军事同盟曾发生过作用。公元234年，诸葛亮出兵伐魏时，派人持亲笔信到江东，请孙权"以同盟之义，命将北征，共靖中原"，使魏国首尾不能相顾。孙权接信，亲自率军出征。虽然他被魏明帝领兵打退，但也有效地牵制了魏军的力量。

由于诸葛亮根据客观形势的变化，一次又一次妥善处理了对吴关系，在他执政期间，吴蜀两国再也没有发生过冲突。蜀国君臣都认识到联吴势在必行。因此，在他死后，吴蜀盟好也得到保持。直到蜀亡，两国都相安无事。

从三国大局来看，魏得天下十分之八，实力是最雄厚的。吴蜀两家想要生存，必须走联盟之路，所以诸葛亮的联合政策，在当时是正确的，但孙权和刘备，斤斤计较、意气用事，在荆州问题上，一个舍不得给，一个非要要，闹出许多不愉快的事情，打了好几次仗。

而两国诸臣当中，只有诸葛亮和鲁肃最明事理。在三国人物中，可以说只有鲁肃才是孔明的真正知音，两人虽各为其主，但英雄所见略同。他俩对形势的分析相近，各自制定的战略目标相似，而且贯彻联合抗曹的战略意图同样坚定。

赤壁之战时，鲁肃力劝孙权，终于促成孙刘联盟，联手击退了强敌曹操。后来，孙权袭取荆州，孙刘联盟破裂，刘备意气用事，倾全国之力御驾亲征东吴，结果被东吴陆逊火烧连营七百里，全军覆没。孔明“苦谏数次”，虽终未阻止刘备亲征，但他巧布八阵图，及时阻止了陆逊西进，并逐步恢复了西蜀与东吴的关系，挽救了孙刘联盟。鲁肃与孔明的行为，都有异曲同工之妙。

如果不采取联合的措施，无论是刘备还是孙权，都无法在曹操的强大势力威压下维持下去。刘备听从了诸葛亮的建议，从原来的“借”转变为“联”，事业上很快进入了飞速发展的阶段，奠定了三国鼎立的大局面。在孙刘联合的情况下，魏国统一天下的计划被打破了，吴国和蜀国虽然弱小，但仍然坚持了几十年。

第五章 仁义大哥

第一节 桃园三结义

自古以来，同胞骨肉之间经常发生相互残杀的事，曹植著名的七步成诗，便是对兄弟亲情的一大讽刺。异姓朋友结拜为兄弟，既无血缘关系，又未长期相处同一个屋檐下，往往只是意气相投，为着共同的理想而奋斗，却有可能产生荣辱一体、生死与共的真挚情谊。东汉末年，刘备、关羽、张飞的桃园三结义为典范。

公元184年，黄巾起义爆发，幽州太守刘焉发榜招军时，刘备已23岁了。

刘备在街上见了榜文，长叹了一口气。这时，他后边的一个人厉声说：“大丈夫不为国家出力，为何长叹?”刘备回头看到的是一个相貌异常的人，便问他尊姓大名。这个人说：“俺姓张，名飞，字翼德。世世代代住在涿郡。颇有庄田，宰猪卖酒，专好结交天下豪杰。恰才听见你看榜时长叹，所以才这样问。”

桃园三结义

刘备说："我本是汉室宗亲，姓刘，名备。现在听说黄巾作乱，有志向破贼安民，只恨力不从心，所以长叹呀。"张飞说："我颇有资财，愿意招募乡勇，与你同举大事，你看怎么样?"刘备听后十分高兴，便和张飞同入店中饮酒。

刘备和张飞正饮酒的时候，看见一位大汉，推着一辆车子，相貌也是十分异常，刘备很喜欢这个人，便邀他进来同坐，问他尊姓大名。这个人说："我姓关，名羽，字云长，河东解良人也。因本地土豪仗势欺人，被我杀了，所以逃难江湖，已经五六年了。今天听说这里征兵破贼，特地来应征的。"刘备便把自己的打算告诉关羽，关羽听后大喜。

张飞说："我的庄后有一个桃园，花开正盛；明天于园中祭拜天地，咱们三人结为兄弟，同心协力，然后可图大事。"刘备和关羽齐声说："这样太好了。"

第二天，在桃园中，备下黑牛、白马等祭品，三人拜而发誓说："念刘备、关羽、张飞，虽然异姓，既结为兄弟，则同心协力，救困扶危；上报国家，下安庶民：不求同年同月同日生，只愿同年同月同日死。皇天后土，实鉴此心。背义忘恩，天人共戮!"发誓完毕，拜刘备为大哥，关羽为老二，张飞为小弟。这就是人们熟知的"桃园三结义"。

桃园三结义

刘备积极响应张飞的建议，有他自己的考虑，面对群雄争霸的局面，没有自己的心腹，是万万不行的，等自己已经有了一定的根基以后，来投奔自己的人又良莠不齐，不好把握，而与张飞、关羽结拜则是刘备的聪明之举，对于日后稳固他的权力地位有着实质性的作用。

此后，关羽、张飞竭尽全力辅佐刘备，为他冲锋陷阵。他们招募乡勇，讨贼有功，刘备因此当了安喜县县尉，关羽、张飞跟随左右，不久因为督邮事件，刘备弃官而去，他的两位弟弟也同时离去。他们投奔公孙瓒后，公孙瓒任命刘备为平原相，刘备就任命张飞和关羽担任别部司马，统率部队。陶谦死后，糜竺率徐州人去迎接刘备。刘备推让再三，接管了徐州。

公元196年，袁术攻打刘备，争夺徐州。刘备派张飞守下邳，自己则领兵在盱眙、淮阴抵抗袁术，双方僵持了月余，互有胜负。下邳相曹豹是陶谦的旧部，与张飞不和，为张飞所杀，于是城中人人自危，颇为混乱。

这时袁术给吕布写信，劝其乘机进攻下邳，答应事成后，援助吕布粮草。吕布很高兴，率军而至。刘备中郎将许耽开城门投降，张飞败走。吕布俘刘备妻小和诸将家属。由于形势所迫，刘备、张飞只好暂时依附吕布，驻军小沛。吕布还刘备妻小。

刘　表

刘备驻扎小沛，发展较快，不久便聚众万余人，吕布不安，又率军来攻，刘备只得投奔曹操，并与曹操联合，打败吕布。然后，随曹操到许昌。

不久刘备与曹操闹翻，曹操派兵攻陷下邳，诱降了关羽，刘备则逃到邺城（今河北临漳西南）投奔了袁绍。曹操赞赏关羽为人，拜其为偏将军，礼遇甚厚。这个时候桃园结义起作用了，关羽没有被曹操恩情感化，时刻考虑怎样脱离曹操去寻找刘备。不久关羽知道刘备在袁绍军中，于是他把曹操屡次给他的赏赐都封存妥当，把汉寿亭侯的印绶挂在堂上，给曹操写了封告辞信，保护着刘备的家小，离开曹营，前往袁绍军中寻找刘备。

刘备背离曹操，先后依附袁绍、刘表。从公元 201 年至公元 208 年，刘备在这八年中致力于礼聘人才，扩大军事力量。特别是在公元 207 年，他“三顾茅庐”，请来了极有才干的诸葛亮。关羽和张飞看到刘备和诸葛亮关系日益密切，心中不悦。刘备察觉以后，就严厉批评他们说：“我有诸葛亮，就如同鱼儿有了水，你们不要再多说了。”关羽和张飞就再也不表示反对了。

公元 208 年，刘表死后，曹操进攻荆州，刘备携民撤离樊城渡江，向江陵退去，并派关羽率领一万多水军，从水路往江陵会合。曹操率三千精锐骑兵昼夜兼行，在当阳长坂坡追上刘备。刘备听到曹操大军到了，猝不及防，弃妻儿而逃。部众溃散。刘备命张飞率20名骑兵殿后。张飞待刘备过河后，据水断桥。在张飞的保护下，刘备等这才幸免于难。不久，关羽率水军前来接应，保护刘备退到了夏口。由此看来刘备与关羽、张飞结义是有远见的，这次能够摆脱曹操的追杀，完全依赖张飞、关羽的神威。

赤壁之战中，关羽所率的1万精锐水军是刘备的主力，在这场战役中起了重要作用。

赤壁之战后，刘备趁机攻占了武陵、长沙、桂阳、零陵四郡，刘备得了四郡，加上孙权借给他的南郡，终于在荆州站住了脚。然后刘备封拜元勋，关羽被任命为襄阳太守、荡寇将军，镇守荆州；任命张飞为宜都太守、征虏将军，封他为新亭侯，后来，又调任南郡。公元211年十二月，刘备带兵入巴蜀，取益州，关羽留守荆州。益州既平，关羽得赐金五百斤、银千斤、钱五千万、锦千匹。

与此同时，张飞则跟随刘备，带领军队杀入益州。张飞巧用计谋，俘巴郡太守严颜。而后张飞率领一支军队，攻占巴西、德阳，很快就和刘备、诸葛亮、赵云等军在雒城会合，包围成都。平定益州后，刘备论功行赏，赐张飞黄金五百斤、银千斤、钱五千万、锦千匹，兼任巴西太守。

建安二十年（215）七月，曹操大破张鲁，攻占汉中，于是，刘备任命黄权为护军，率兵北上抵御曹军；派征虏将军张飞为巴西郡太守，抗击张郃。张飞遂率精兵万余，避开正面，出其不意，由别道突袭张郃军，诱迫张郃出战，使其陷入狭窄山道之中，首尾不能相救，致其惨败，几被歼灭。张郃丢弃战马，只带部下十余人从山中小道逃出，率残部退回南郑。

此战过后，魏军再无力南侵，张飞对稳固刘备在益州的统治起了重要作用，并为刘备进取汉中创造了条件。

公元219年，刘备进位汉中王，拜张飞为右将军。公元221年，改任车骑将军，兼司隶校尉，封西乡侯。

刘备让关羽留守荆州，有意要关羽稳定自己最重要的根据地，开始关羽确实起着关键的作用。公元215年，孙权派诸葛瑾为使去跟刘备商量，要求把荆州南部的几个郡归还东吴。刘备托词拒绝，孙权就派去一批官吏，接收长沙、零陵、桂阳3个郡。关羽坚决不让，将孙权派来的官吏全部轰了回去。孙权大怒，马上派吕蒙率领两万兵马用武力接收这3个郡。吕蒙夺得了长沙、桂阳两郡后，刘备急忙亲率5万大军下公安，派关羽带领3万兵马到益阳去夺回那两个郡。孙权也亲自到陆口，派鲁肃带领1万兵马扎在益阳，与关羽相拒。东吴的军队和关羽的军队都在益阳扎营下寨，彼此对峙。

建安二十四年（219），刘备在手下文武官员的拥戴下，自立为汉中王。任命关羽为前将军，并赐他节、钺。七月，孙权想要攻合肥，魏军大部调动至淮南防备吴军。镇守荆州的关羽，抓住战机，留南郡太守麋芳守江陵，将军傅士仁守公安，自率主力北攻荆襄。八月即大败曹军，杀了庞德，关羽乘胜围攻樊城，并以一部兵力包围襄阳，迫使曹操一度考虑迁都的问题，这些行动都有力地支援了刘备在汉中的用兵，他们东西呼应，这是刘备蜀汉政权势力最强盛的时候，刘备的权力趋于稳固。

公元219年底，关羽被孙曹联军打败。关羽死后，刘备伐吴，按计划，张飞应当率1万名将士从阆中出发，到江州与刘备会师。但就在出发前，他帐下将领张达、范疆却挟怨杀死张飞。他们带着张飞的首级，逃到孙权那里。

刘备稳固政权的谋略由来已久，而且取得了让他满意的成果，可关羽、张飞的死却彻底摧毁了刘备的这个计划。公元220年，曹丕篡汉，为了延续汉室大统，刘备即位，是为蜀汉昭烈帝；这时张飞又被杀，刘备立誓讨灭东吴，为结拜兄弟报仇。诸葛亮劝导他，要他以个人恩怨为轻，以天下大局为重；但是刘备不听，在该年七月率军讨伐东吴，却被陆逊打败，狼狈逃回白帝城，忧愤而死，享年62岁。

刘备进攻吴国，本意也是要夺取荆州，稳定他刚刚建立起来的蜀汉政权，不过这个时候，他的如意算盘打错了，因为他固权的基础不存在了，即两个可以依赖的兄弟不在了，这就导致了他失败的必然，加上军事指挥上的失误，蜀汉政权的元气大伤，无论诸葛亮怎么努力，也回天无力了。

刘备的集团中还有一个特殊人物，那就是赵云。他和刘备之间的关系并不低于关羽、张飞二人，他在刘备最困难的时候来投，每逢艰难之际，都少不了他的身影。因此在《三国演义》中，他被认为是谋勇兼备的大将，是最让人放心的将领。

《三国志·蜀书·赵云传》中是这样写的：

赵云，字子龙，常山真定人也。本属公孙瓒，瓒遣先主为田楷拒袁绍，云遂随从，为先主主骑。……云别传曰：云身长八尺，姿颜雄伟，为本郡所举，将义从吏兵诣公孙瓒。时袁绍称冀州牧，瓒深忧州人之从绍也，善云来附，嘲云曰："闻贵州人皆原袁氏，君何独回心，迷而能反乎？"云答曰："天下讻讻，未知孰是，民有倒县之厄，鄙州论议，从仁政所在，不为忽袁公私明将军也。"遂与瓒征讨。……时先主亦依托瓒，每接纳云，云得深自结托。云以兄丧，辞瓒暂归，先主知其不反，捉手而别，云辞曰："终不背德也。"先主就袁绍，云见于邺。先主与云同床眠卧，密遣云合募得数百人，皆称刘左将军部曲，绍不能知。遂随先主至荆州。及先主为曹公所追于当阳长坂坡，弃妻子南走，云身抱弱子，即后主也，保护甘夫人，即后主母也，皆得免难。迁为牙门将军。先主入蜀，云留荆州。……云别传曰：初，先主之败，有人言云已北去者，先主以手戟擿之曰："子龙不弃我走也。"顷之，云至。从平江南，以为偏将军，领桂阳太守，代赵范。范寡嫂曰樊氏，有国色，范欲以配云。云辞曰："相与同姓，卿兄犹我兄。"固辞不许。时有人劝云纳之，云曰："范迫降耳，心未可测；天下女不少。"遂不取。范果逃走，云无纤介。先是，与夏侯惇战于博望，生获夏侯兰。兰是云乡里人，少小相知，云白先主活之，荐兰明于法律，以为军正。云不用自近，其慎虑类如此。先主入益州，云领留营司马。此时先主孙夫人以权妹骄豪，多将吴吏兵，纵横不法。先主以云严重，必能整齐，特任掌内事。权闻备西征，大遣舟船迎妹，而夫人内欲将后主还吴，云与张飞勒兵截江，乃得后主还……

从这段记载中可知，赵云之所以在危难之际投靠刘备，是因为刘备的人格魅力。而刘备从一开始就把赵云作为自己的心腹，即使是在袁绍部下的时候，都让赵云来为自己招募人马。以后保护幼主和甘夫人，牵制孙夫人，夺回后主，都是关系到大局的事情，除了赵云，恐怕其他人很难做到。此后他屡立战功，单身救黄忠，退敌兵，刘备称赞说："子龙一身都是胆。"特别是关羽、张飞死后，赵云更是蜀国的主要将领，具有不可替代的作用。

三人成众。刘备打基业靠的是人，他通过“桃园结义”的方式牢牢地抓住了关羽、张飞这两员猛将，为他出生入死。即使是在最不利的条件下，这两个人也没有背叛他。这就是他的权力核心，核心不散，事业不败。

第二节　王者之术

刘备在争夺天下的过程中，处处展示自己仁义的一面，他宁愿牺牲自己的利益，也要维护自己爱民、护民的形象，以此博得广大百姓的拥戴。刘备时刻不忘摆出“仁至义尽”的道义姿态，以表明自己夺取政权的合法性。

刘备担任平原相时，城址在平原古城。当时平原古城地广人稀，又加连年兵灾疫患，田园荒芜，六畜鲜少，百姓们的生活困苦异常。刘备在平原上任之后，一面招兵买马，积草囤粮，扩充自己的势力；一面对地方百姓勤施善政，休养生息，故而深受百姓的拥戴，刘备的势力也从此得以发展，这也是刘备首次运用“仁德”为自己谋夺权力。

曹操行霸者之术，推崇权力，运用法术势等手段，将增强实力作为自己的目标。相比之下，刘备行王者之术，推崇仁义，运用忠信礼义等手段，降心服志、名正言顺地获取仁德之政，刘备的手段更加高明。因为，在一个社会中，名声是最大的本钱，也是权力运作中的硬通货。

曹 操

王者之术的核心就是提倡仁义道德，通过教化的方式来进行治理。刘备曾对庞统说：“今与吾水火相敌者，曹操也，操以急，吾以宽；操以暴，吾以仁；操以谲，吾以忠；每与操反，事乃可成耳。”由此可以看出，曹操与刘备的区别不仅在个人的素质上，也是由他二人实行的不同的统治术而区分的。

刘备为什么要运用王者之术，而不是采用霸者之术呢？

首先，刘备认为，董仲舒提出“罢黜百家，独尊儒术”以后，儒家思想逐渐成为两汉的正统，仁义道德思想深入人心，一整套适应封建社会的伦理道德观念基本形成，忠孝节义成为人们普遍遵循的基本道德规范，自己要匡扶汉室，兴汉家天下，就必须从道义的角度为自己积累政治资本，“仁德”之旗号是最合适不过的了。

其次，从刘备的出身及地位来看，也最适合以“仁德”为本。刘备虽出身于贵族家庭，但已破落，从小便沦落在社会的下层，与其母以织席贩鞋为生，深知民间疾苦。然而他却志向远大，从未忘怀他的帝室之胄的血统，少小就立志要干一番大事业。东汉末年，刘备目睹世事黑暗，宦官专权，皇帝暗懦，诸侯割据，民不聊生，他“欲信大义于天下”，但他本人手无尺寸之柄，既无权无势，也无钱无人，没有任何可以凭借的基础。唯有修身养性，以仁德信义号召天下，唤醒正义，以期救黎民于水火，扶汉室于危亡之中。所以，他走上了一条与曹操完全不同的救世治国之路。

刘备与曹操相比，也是有条件行王者之术的。曹操是宦官家庭出身，就其血统来讲不能称其高贵，从这个意义上讲，由他来匡扶汉室自然就没有刘备名正言顺，所以曹操不是以仁义道德为旗号，而是崇尚实力；刘备有高贵的血统，这样他就有了名分上的优势。及至入西蜀而称帝，也可以说是名正言顺，绝不会像曹操那样被打上“篡汉”的印迹。两者的行为和目的都是一样的，但效果却相差甚远，最关键的还是刘备始终都沾有正统和血统的光。所以，仁义道德对刘备来讲，既是一把保护伞，又是可以充分利用的工具。

三国时期，仅仅靠王者之术是不可能实现雄图大略的。赵蕤在《反经》中说：“由此看来，在争霸的时代实行王者的教化，就不合时宜了。在强国之世，实行霸者的威政，也是行不通的。若时逢人心狡诈，正道不行之世，却要施行先王之道，广泛推行德政教化，这就好像等待越地识水性的人来救落水者，请身份高贵的人来救火一样。其本心可能是出于善良的动机，但能说他是‘通于时变’吗?”

可见统治者要取得好的统治效果，最终达到自己的目的，就必须顺应时事的变化，而不能墨守成规。陈寿讲得很明确，刘备正因为不能变通，机权干略不如曹操，所以只能狭守一隅，而不能实现其更远大宏伟的抱负。

不过刘备也不是等闲之辈，他也有“机权干略”，在王者之术下也要行霸者之术，诸如杀吕布、掩真心、取益州、入西川等方面也运用了权术。就连曹操也说：“天下英雄，惟使君与操耳。”

刘备的仁德之术，体现在五个主要方面：

一、恭敬。纵观刘备的一生，由小及大，为人处世无不以恭敬而处之。他三让徐州：一方面，自己实力不够，怕因领徐州而成为众矢之的；另一方面，则深感自己才少德薄，难以担当大任。在颠沛流离多年之后，他听取了水镜先生的意见，诚心诚意地寻求贤才，三顾茅庐不乏恭敬谦逊之语。他的恭敬相应地换来真诚的相待。所以，尽管他尚处位卑势单的境地，却无处不受尊敬。如他投曹操，曹操待如上宾；他奔袁绍，袁绍亲出邺城二百里相迎；其部众散而复聚，足见其凝聚力之强。

二、宽厚。《三国演义》中描写刘备的宽厚之处颇多，最突出的一例是，他入主成都后对其部下所作的人事安排。据《三国志·先主传》载：

> 先主复领益州牧，诸葛亮为股肱，法正为谋主，关羽、张飞、马超为爪牙，许靖、麋竺、简雍为宾友。及董和、黄权、李严等本璋之所授用也，吴壹、费观等又璋之婚亲也，彭羕又璋之所排摈也，刘巴者宿昔之所忌恨也，皆处之显任，尽其器能。有志之士，无不竞劝。

同时，对刘璋等亦行宽大处理，“设一大宴，请刘璋收拾财物，佩领振威将军印绶，令将妻子良贱，尽赴南郡公安住歇”。

当然，刘备的宽厚中也含有心计。如在如何夺取西川的问题上，他与庞统、法正发生了分歧。当刘备和刘璋在涪城相会时，庞统主张设宴以杀之，法正也积极支持，但刘备却不同意，说：“吾初入蜀中，恩信未立，此事决不可行。”表面上看这是刘备宽厚的又一体现，但实质上刘备的战略眼光要远得多。刘备大军入川，刘璋的灭亡只是迟早而已，刘备此时所虑并不是解决刘璋，而是要解决民心所向的问题，而且更重要的还有一条就是，不能由他来背“同室操戈”的坏名声，他要设法找到对自己有利的借口，待民心归顺又有正当的理由时，他也不会心慈手软的。后来的事实也表明，刘备的心思的确要高人一筹。

三、诚信。讲究信义、信用这是做人的基本标准。君臣之信、朋友之信、兄弟之信，都要求彼此之间真诚相待，不受恶语的中伤，也不怕敌人的离间。坦诚不贰，始终如一，这也是刘备仁德的重要内容。他三顾茅庐之后，与诸葛亮结下“鱼水关系”，从此便将军国大事都托付给诸葛亮，对其言听计从。诸葛亮感其知遇之恩则披肝沥胆、鞠躬尽瘁，成为千古佳话，其中“信”字起了核心作用。刘备为信守“桃园誓盟”不惜弃江山而不顾，东征伐吴以雪关羽被杀之恨，此乃“信”所致。及夷陵败溃，白帝托孤，对诸葛亮嘱以身后大事，也是“信”之所致。

刘备在当阳长坂坡大败，只剩下百余骑，奔到天明，未见敌人来追，方才歇马。正凄惶间，糜芳报说，赵子龙投曹操去了。但刘备坚信子龙决不会背叛，可见彼此相知之深，信念之坚。而正是由于这种信任，刘备手下才出现了一批肝脑涂地、至死不渝的仁人志士，其事业也才能得以壮大。

四、勤敏。在东汉末年战乱频仍、人欲横流、尔虞我诈、弱肉强食的年代里，单纯地讲宽厚是不行的，具备了机智和敏捷的素质才能实现匡扶汉室的宏愿，对此刘备有充分的认识。虽然从总体上看刘备不可能像曹操那样明目张胆地运用霸术，但其机谋权变的本领还是有的，这为他壮大自己的实力提供了可靠的保证。

其实刘备是大智若愚。他在没有诸葛亮的帮助下曾与曹操有过几次交锋，但终以他胜曹败为结局，可见其智虑之深。第一次是荀彧为曹操献“二虎竞争”之计，力图挑起刘备与吕布的矛盾，但刘备在接到曹操来信后便已识破其计谋，因此一方面敷衍曹操，一边又暗中实告吕布，破坏了曹操的计谋。接着荀彧又献“驱虎吞狼”之计，使袁术攻刘备。刘备得诏书出兵讨袁，明知是计，但又不敢违抗，只因张飞醉酒误事，被吕布袭了徐州，曹操是一计被破，一计得逞，打个平手。第二次是青梅煮酒论英雄，当曹操一语道破天下英雄“惟使君与操耳”时，刘备一惊，不免失态，但又能随机应变，借用“圣人迅雷风烈必变”来掩藏过去，使曹操没有完全窥视出刘备的真心，这次是刘备胜。第三次曹操与刘备擒杀吕布后，曹操对刘备实施控制，而刘备则日思脱逃之计。突报袁绍已破公孙瓒，而袁术使人归帝号于袁绍，于是刘备自愿请兵半路截击。曹操虽然同意却并不放心，叫朱灵、路昭两人暗中牵制刘备。途中刘备催促急行说：“吾乃笼中鸟、网中鱼。此一行如鱼入大海，鸟上青天，不受笼网之羁绊矣！”曹操此番又以失败告终。

所以，说刘备老实是错误的，他在许多问题上也是善于玩弄权术的。再如白帝城托孤，孙盛就指出：“苟所寄忠贤，则不须若斯之诲；如非其人，不宜启篡逆之涂。是以古之顾命，必贻话言；诡伪之辞，非托孤之谓。”意思是说，如果认为所托的是忠贤之人，则不必说这种话，如认为所托非人，说这种话就会给他作为篡位的借口。毛宗岗对此也疑道：“或问先主令孔明自取之，为真话乎？为假话乎？”其实，这是刘备为保其江山设下的又一计谋。他明知刘禅是扶不起来的，而诸葛孔明才是国家之脊梁，孔明掌权要废后主易如反掌，所以他才说出以上话来，其目的在于封住孔明之口，锁住孔明之行。果然，孔明听毕，汗流遍体，手足无措，泣拜曰：“臣安敢不竭股肱之力，尽忠贞之节，继之以死乎！”言毕，叩头流血。同时，刘备还让李严也为托孤大臣，实为达到牵制孔明之用。可见刘备也不愧为一代枭雄。

五、慈惠。君惠臣忠，刘备也确实能努力做到通过自身的修养来吸引人心、军心和将相之心。他在任平原令时，经常和部下同席而坐，同簋而食，获得了人们的好感，众多归附。

君主在统御群臣时存在一个双向运动的问题：一方面，君王要努力作出表率，要为民众办实事，对臣下要关心和爱护；另一方面，群臣受其恩泽，就能尽职尽忠。相反，作为君王如果暴戾无道，视民众如草芥，视群臣如走狗，则民可反之，群臣亦可弃之。刘备非常明白这个道理。他深知得人心者得天下，所以他把自己的战略重点放在了争取人心上，而不是争权夺利上。这从他推行仁政、爱护百姓方面得到了充分的体现。

刘备初次遇见徐庶的时候，有这么一段精彩的对话。徐庶对刘备说："我想看看明公的马。"刘备下令把马牵来。徐庶看后说："这是的卢马，虽然是千里马，却只妨主，不可以骑。"刘备告诉徐庶这匹马救了自己的事情，徐庶还是说："这是救主，不是妨主也；最后这匹马一定会妨一主。我有一个方法可以解决，您心中有仇怨之人，可将此马赠给他，只要妨过了此人，然后骑它，自然便无事了。"刘备听后脸变了颜色，说："您刚到这里，不教我走正道，便教我做利己害人之事，我不敢再求教您了。"这时，徐庶笑着说："一向听说刘皇叔仁德，不敢轻信，所以用这些话来试探啊。"刘备也改容起谢。徐庶说："我来到这里，便听到新野人唱一首歌：'新野牧，刘皇叔，自到此，民丰足。'可见您的仁德啊。"

即使刘备请来诸葛亮做军师后，对于军师的计谋也要按照仁德的标准去执行。当诸葛亮劝说刘备趁刘表病危的时候夺取荆州的控制权，刘备却搬出"不合道义"的理由拒绝了诸葛亮的建议。

诸葛亮说："新野地小，不可久居。听说刘表病危，可趁此机会，取荆州以安身，不然难以抵抗曹操。"刘备说："你说的话很不错，但我刘备接受了景升的恩惠，怎么忍心夺取荆州？"诸葛亮说："今天如果不夺取，后悔莫及!”刘备则说:“我宁愿去死,也不忍心做负义之事。”刘表病情越来越重,派人来新野请刘备去托孤,刘备于是带着关羽和张飞到荆州见刘表。

刘表对刘备说:“我已病入膏肓,不久就要死了,今天特意托孤于贤弟。我的儿子无才,恐怕难以继承父业;我死之后,贤弟可自领荆州。”刘备哭着说:“我一定尽全力辅佐贤侄,决不敢有自领荆州之意。”

这边伊籍和刘表的长子刘琦来找刘备,请求刘备趁曹操还未到达荆州前,以吊丧为名,把刘琮诱出来,顺势拿下,杀掉他的同党,这样荆州便可以转到刘备手中。

诸葛亮认为此计可从,但刘备哭着说:“我的兄长临危托孤于我,今天如果抓了他的儿子而夺占他的地盘,死后到九泉之下,我有什么脸面去见我兄长呢?”诸葛亮说:“如不这么做,现在曹兵已到宛城,我们如何拒敌?”刘备说:“不如走樊城以躲避他吧。”

刘备完全不顾曹操大军的追击可能使自己全军覆没的危险,带着数万荆州士民缓慢前行,结果屡屡被曹操追上,百姓死伤惨重,刘备好不容易积蓄起来的力量也基本消耗殆尽。尽管这样,刘备仍不担心自己的力量是不是会被彻底消灭,而是为随行百姓的死伤痛哭不已,足见刘备是不顾一切地高举“道义”招牌。

刘备十分心疼跟着他逃跑的成千上万的百姓,他决不会丢下这些百姓。虽然刘备告诉百姓:愿意跟随者一起走,不愿意跟随者留下来,但百姓们说:“我们就是死,也愿意跟随刘皇叔。”结果,这些百姓扶老携幼,拖儿带女,冒险渡河,两岸哭声不绝。刘备见此状哭着说:“为我一人而使平民百姓遭此大难,我还不如一死!”说完,就要投江,左右急忙救止。

张飞保护着刘备,且战且走。到天亮喊声渐远,刘备歇马一看,只剩下百余骑，百姓、家眷及糜竺、糜芳、简雍、赵云等人，都不知下落，刘备大哭："十数万生灵，都因跟随我，遭此大难，诸将及老小，都不知死活，纵然是土木之人，也要悲伤啊！"

刘备多次悲痛而落泪，这种感情流露，有助于树立他仁德宽厚、爱民如子的形象。试想谁不愿意跟随真诚对待自己的主人呢！即使自己的主人现在处在危难中，也不愿意抛弃自己。也许就是刘备这种"道义"的招牌吸引了众多的知名人士转而投靠他的。

赤壁之战后，周瑜得了南郡，刘备占着江南的公安，荆州士民叛曹投刘者络绎不绝。周瑜也是一代英雄，而且近在南郡，荆州人为什么不投他去呢？这说明刘备确有过人之处。

对待民心，刘备使用"仁"，部下劝他攻刘琮，他不肯，却去刘表的墓前大哭，这一哭把荆州的民心都带走了，最后孙权竟不得不把已到手的荆州让给他。攻益州时，庞统劝他急攻，他认为民心未得，先要厚树恩义，时机到了才肯用兵。表面上看来有点迂腐，实际上却隐藏着大智慧。

刘备既仁德宽厚，又承汉室之正统，其用人必以德才兼备。他与曹操不同，曹操是唯才是用，只要是人才，不论其品德修养。所以，曹操阵营中虽然良智良才众多，而奸诈之辈也不少。如司马懿虽然为一时之俊杰，但他又不愧为曹操的门生，其奸诈擅权之术不在曹操之下，曹氏天下终究为司马氏所取代，而且曹氏集团的大部分人也都被杀。魏将钟会、邓艾在灭蜀之后，也多怀异心，钟会首先叛变，继而两败俱伤，可见曹操是自食其果。

相比之下，刘备则坚持采用王者之术，通过自身的行为来唤起部下的忠诚，蜀汉政权虽人才相对较少，却几乎没有人真正叛逃，始终没有被篡权的危机，在这一点上，刘备做得要比曹操成功。

第三节 用人大师

刘备在军事上不具有第一流的韬略，但是在权术上，却是三国中最高明的。他白手起家打天下，不靠死拼，而靠巧取，其中的奥秘，全在用人上。他的用人之术，无论曹操还是孙权都不能相比。这表现在以下几个方面。

求贤若渴

公元201年，刘备驻兵新野，荆州豪杰归者日益增加。刘备深切认识到自己所以屡遭挫败，主要是缺少优秀的谋士，因此留心寻访人才。当时襄阳名士司马徽，人称“水镜先生”，刘备找他询问天下大计，司马徽推荐隐居的“卧龙”诸葛亮；另外，受到刘备器重的徐庶也推荐诸葛亮。两人不约而同地推荐同一个人，引起了刘备对诸葛亮的倾慕，于是在历史上留下了“三顾茅庐”的佳话。

“三顾茅庐”的故事已传诵了一千多年，但人们所推崇的只是诸葛亮在“隆中对”所显示的英明预见，而对刘备访贤、用贤的识见和气量却认识不足。实际上，刘备“三顾茅庐”比诸葛亮“隆中对”更为难能可贵、更具有深远影响。因为才智之士几乎到处都有，可是能够访才、识才、用才的明主却累世难见。这正是刘备的过人之处。

刘备的势力从弱到强，土地从无到有，事业成就虽然并不太大，但得来却很不容易，他之所以能反败为胜，最终建立三分基业，不能不说是他善于访才用人的结果。

只要是人才，刘备就会想尽办法留住，为此他还差点遇到危险。由于和曹操势不两立，他在荆、益二州建立了北伐的根据地以后，曹操便派了一位刺客混进西蜀，大模大样地来见刘备，和刘备畅谈伐魏的形势，说对刘备怎样有利。

刘备觉得他和自己志同道合，不但没有怀疑他的身份而且还视为奇才，就连坐的位置，也不知不觉地向刺客靠近了一点。刺客因刘备的侍卫不离左右，一时难以下手，正迟疑间，碰巧诸葛亮进来。刺客的神色顿时有些慌张，诸葛亮一看，心知有异，正想追问，那个刺客找了个借口出去了。刘备虽也看在眼里，但因求贤若渴，仍未怀疑他是坏人，并且还对诸葛亮说：“我刚才找到了一位奇才，想把他留下，让他帮您处理公事。”

诸葛亮说：“这人在哪里？”

刘备说：“就是刚刚出去的那一位。”

诸葛亮倒吸一口冷气说：“看那位客人面色不安、神情慌张，目光不敢和别人相接，举动显得很不自然，奸行外露，邪心内藏，决不是什么奇才，必定是曹操的刺客！”

刘备这才恍然大悟，立刻派人去追，但刺客已爬墙溜了。

待人以诚

刘备对人才肝胆相照、充分信任、始终不渝，有一种同命运、共呼吸的真挚情谊。刘备与诸葛亮的关系就是最典型的范例。刘备寒冬时节三顾茅庐，屈驾延请，至诚至真；诸葛亮自始至终赤胆相辅，鞠躬尽瘁，死而后已。除三顾茅庐外，刘备其他一些知人善任的事例也值得一提，例如绰号“凤雏”的庞统，后来也被刘备提拔为治中从事，与诸葛亮并为军师中郎将。庞统在攻取益州中，出谋划策，立下了卓著功勋。

刘备与黄权的关系也能说明他在用人、待人方面的品质。黄权本是刘璋主簿，他反对刘璋迎请刘备入川，向刘璋进谏，刘璋却不听，他被贬出成都去当广汉长。后刘备与刘璋反目，攻取益州，各郡县望风归附，唯独黄权关闭城门，坚守城池，直到刘璋投降，才归顺刘备。刘备不计前嫌，加以重用，黄权进献了夺取汉中之计，对刘备集团的发展起了重要作用。关羽失荆州后，刘备亲率大军东下伐吴，黄权认为，吴人彪悍善战，水军进易退难，建议刘备在部队后面坐镇，自己愿做先锋试探对方虚实。刘备不予采纳，任命黄权为镇北将军，督率江北的军队，防备魏国出兵。刘备在夷陵之战中被打败后，黄权返蜀的道路被吴人切断，被迫降魏。蜀国有关官吏依法收捕了黄权的妻子儿女，并将此事报告给刘备。刘备说：“孤负黄权，权不负孤也。”命即释放，一如既往对待。此前，魏国方面传说黄权的家室已被斩首，黄权不信，说他深知刘备的为人，不会这样做。没多久，果然传来了其家眷被宽宥的消息。

不论对前期跟随他的人，还是在荆州跟随他的人及入川后归附他的人，刘备都量才使用，一视同仁，不存偏见，处事公正。对关羽、张飞也同样，不因为他们之间“恩若兄弟”的特殊关系而只重私情，不重才能，排斥他人。

黄忠本是长沙太守韩玄的部将，赤壁之战后，刘备平定荆州的江南诸郡时归顺，后随刘备入川，“常先登陷阵，勇毅冠三军”。在汉中进攻夏侯渊时，“渊众甚精，忠推锋必进……一战斩渊，渊军大败”。刘备自立为汉中王后，封黄忠为后将军，同时封关羽为前将军，张飞为右将军，马超为左将军。诸葛亮认为黄忠的名望不能跟关羽、马超相比，刘备坚持不变，说他自会向关羽解释此事。

刘备提拔魏延镇守汉中，也说明他对关、张并非存有偏心，而是处事很公正。魏延本是义阳的地方豪强，刘备入川时，他带着自己的私人武装相随，很有勇略，屡立战功，升任为牙门将军。刘备攻下汉中自立为汉中王，准备将王府迁往成都，需要一位重要将领镇守汉中。当时大家都以为一定是张飞，张飞心里也以为非自己莫属，结果刘备提拔了魏延，以魏延为督汉中镇远将军，领汉中太守，致使全军的人都感到惊讶。

刘备重封黄忠、提拔魏延，既说明他处事公正、知人善任，又说明他在用人上不讲私情。

徐庶因为其母而准备回到曹操那边时，刘备与徐庶二人相对而泣，一直坐到了天亮，刘备痛哭失声，“伐木望友”，忍痛挥别徐庶。这一事件中，可以发现两点：

第一，刘备的仁义令其部属充分的信任。在三国时期，人才流通虽大，但是投靠了之后，想离开却不容易，就像孙乾所言，“徐庶知道我军中虚实，今天如果让他到曹操那里去，我们一定危险了。”徐庶这么聪明的人，难道不明白其中的利害关系吗？难道不曾考虑过刘备不放行或是斩杀他的可能吗？然而他不是偷偷离开，而是持母亲书信去见刘备，说明去意。这充分表现了刘备是个仁义的人，对待下属是绝对的真诚，所以徐庶才会放心地持母亲书信说明离去之意。

第二，刘备对部属也给予充分的信任。在水镜先生的启发之下，刘备明白了决策人才的重要，而遇到徐庶这样的决策人才之后，对他的帮助更大。对此时的刘备而言，失去徐庶等于又回到了过去无谋士的窘境，因此如何留住人才成了迫在眉睫的问题。但是刘备并没有采纳孙乾的建议，因为他不愿成为不仁不义之人。在战略上，刘备实为不智，但就情感而言，这种成人之美、不顾利害的真性情，着实令人感动，难怪徐庶为此而终身对曹操不设一谋。

在对待赵云和法正的问题上，刘备也体现了信任的特点。

赵云原是公孙瓒的部下，但公孙瓒并非知人善任之人，对于一身是胆的赵云，并不能重用，甚至在赵云投靠他时，还予以嘲讽，在这样的情况下，难怪赵云心生离意。刘备以诚相待，以信义服人的气度，使赵云深自结托。在赵云怀才不遇而惆怅时，刘备的礼遇，有如雪中送炭一般，深深地温暖了他的心，且刘备的惜才，更是让他心向往之。于是在辞别时，两人依依不舍，刘备不舍的是赵云的才能，而赵云不舍的是刘备的相知。也由于他两人的这段相交，促使日后赵云的投靠。

公元 211 年，在刘璋遣法正迎刘备时，法正趁机投靠刘备。法正投靠刘备，原因有三：

首先，刘璋不是明主。法正虽然投靠了刘璋，然而刘璋愚弱不重用法正，法正受到毁谤，郁郁不得志。因此对刘璋心生离意，而转投刘备也是理所当然的。

其次，张松劝法正投靠刘备。初时，张松见曹操，然而曹操见其长相猥琐，加之言语冲突，曹操便拂袖离去，对此张松心怀不满，因此回益州后，便对他的知己法正谈起对曹操的不满以及对刘备的推崇。

最后，刘备有雄略。这一点是法正投靠刘备的重要因素。在刘璋处，虽不得志，但法正在等待机会，故常窃自叹息。刘备以其特有的人格魅力、雄才大略吸引了法正，其中最重要的是刘备求贤若渴的态度，使得法正能得到重视而心生侍奉之意。法正“着见成败，有奇画策算”，刘备得此人才，实为助益良多。法正在迫降刘璋和夺取汉中诸战役，更立有大功。刘备得到益州以后，“以正为蜀郡太守，扬武将军，外统都畿，内为谋主”。法正死后，刘备“为之流涕者累日”。陈寿把庞统比作魏臣荀彧，把法正比作程昱、郭嘉，充分说明了二人在刘备建立三分基业中所起的作用。

唯才是举

有的人才会有很多的缺点，对于那些心胸狭窄的人，是绝不能容忍的。而刘备的眼光却高人一筹，只要是人才，刘备就敢用，即使是怪才，他也能放心大胆地使用。

刘备重用的最大的一个怪才就是号称凤雏的庞统，这个人从小就与众不同，不仅人长得怪，而且思维也怪。就是这样的人，孙权不愿意用。而刘备先是以貌取人，把他打发到一个穷乡僻壤当县令，后来得知他的才干后，才委以重任。

庞统字士元，襄阳人，三国时刘备部下著名的谋士、将领。庞统年轻时，为人朴钝，一般人看不出他的才能。但他的叔父庞德公却认为他不同

寻常。当时，颍川人司马徽清高雅正，善于鉴识人品，庞统慕名前往拜见。见面时，司马徽正在树上采桑，于是庞统就坐在树下，跟他交谈起来。两人越谈越投机，就这样一个树上，一个树下，一直谈到深夜。司马徽觉得庞统非同凡响，他说庞统是南州首屈一指的人才，并且赞叹说："庞德公确实有知人之明，庞统确有与众不同之处!"从此，庞统的名声渐渐显赫。庞德公将他与诸葛亮、司马徽并列，说诸葛亮是卧龙，庞统是凤雏，司马徽是水镜。

不久，郡中任命庞统为功曹。庞统有知人之明，喜欢评判人品高下，乐于褒扬别人的声望，但是他称赞别人时，往往超过那人的实际才能，多有溢美之词。当时的人们觉得奇怪，询问他其中的原因。庞统说："当今天下大乱，风雅的社会已经崩坏了，善人少而恶人多。我现在正想振兴风俗，发扬道义，如果不多多对人美言，就不会有人来响应你的号召，这样做善事的人就会越来越少。现在夸奖的十个人中间能有五个响应我，那么也算是有一半的人，他们如果会因为我的称赞而更加勉励自己，这不是也很好吗。"

吴国将领周瑜帮助刘备攻取荆州，兼任南郡太守，庞统仍为功曹。周瑜去世，庞统送葬到吴地。吴人多听说他的大名，因此，当他要西返荆州时，众多知名人士齐会昌门为他送行，陆绩、顾劭、全琮都参加了聚会。庞统又开始品评人物，他说：“陆子可谓驽马有逸足之力，顾子可谓驽牛能负重致远也。”接着，他又对全琮说：“卿好施慕名，有似汝南樊子昭。虽智力不多，亦一时之佳也。”陆绩、顾劭对庞统说：“使天下太平，当与卿共料四海之士。”

事后，有人曾问庞统：“照您看，陆绩比顾劭好吗？”庞统说：“驽马虽然精良，但乘坐的只是一人罢了。驽牛一天走三十里，所负载的哪里只是一个人的重量呢？”据说，顾劭去见庞统，住在庞统那里，两人谈论起来。顾劭问：“您有善于知人之明，您说说，我和您相比，谁好一些？”庞统说：“讲到陶冶世俗，甄综人物，我比不上您，但是，如果论帝王之秘策，揽倚伏之要最，我可就比您强一点了。”顾劭认为庞统的话有道理，和他亲近起来。

刘备占据荆州，任荆州牧，吴将鲁肃写信给刘备，推荐庞统。信中说：“庞士元不仅仅是治理百里的人才，把他放在治中、别驾这样的职位上，才能够展示他的才能啊。”后来诸葛亮也对刘备说起过庞统，并且写了一封信给刘备介绍庞统的才干，建议刘备重用他。庞统到达荆州时，诸葛亮出外视察未回，他见了刘备后，既没有呈交诸葛亮和鲁肃的推荐信，也没有按常礼回答刘备的问话。刘备见其貌丑陋且态度傲慢，便说：“荆楚刚刚平定，苦无闲职，离这里一百三十里，有个耒阳县缺一个县令，委屈你去担任。”庞统心想：“刘备待我这么薄。”勉强去赴职。庞统到达耒阳县后，不理政事，终日饮酒为乐，不久就有不少人告发他。刘备派张飞和孙乾去巡视，如情况属实，就要追究他的责任。

张飞、孙乾到达耒阳县后，庞统并不出来迎接，后衣冠不整，酒醉而出。张飞大怒：“我大哥以为你有点本事，让你做县令，没想到你竟敢尽废县事！”庞统笑着说：“将军你说我废了县里的哪些事？”张飞说：“自你到任后，已经百日，整天喝醉。怎么不误政事？”庞统说：“百里小县，就那么些小事，有什么难决断的。将军稍微坐坐，看我处理。”

庞统随即将百日来所积下的公文全拿来，手中批阅，口中发落，耳内听词，曲直分明，不到半天，全部处理完毕，民皆叩首拜伏。庞统处理完毕，把笔掷到地上，对张飞说：“我误什么事了！曹操、孙权那些事我都看不上，这么个小县的事，何足挂齿！”

张飞看后大惊，下席谢拜说：“先生大才，我失敬，我回去一定在大哥面前极力推荐。”这时，庞统才拿出鲁肃的信给张飞。

张飞回到荆州，向刘备禀报了庞统之才。刘备大惊曰：“委屈对待大贤，是我之过错啊。”刘备正在看鲁肃的信，忽报诸葛亮回来了。他对刘备说庞统之才，胜自己十倍。

刘备随即派张飞亲赴耒阳县，把庞统请到荆州。刘备下阶请罪。这时，庞统才拿出诸葛亮的举荐信。

刘备高兴地说：“过去司马徽先生说过，卧龙、凤雏，两人得一，可安天下，现在我二人全都得到了，汉室可兴啊！”两人纵论上下古今，刘备对他很器重，任命他为治中从事。此后，刘备倚重庞统的程度仅次于诸葛亮。庞统和诸葛亮同为军师中郎将。

一次，刘备与庞统闲谈，问他：“你曾经担任周瑜的功曹。那次我到吴国，听说周瑜曾上密信给孙权，让孙权扣留我，不知是否真有此事？在谁的手下，当然就该忠于谁，你不必隐瞒。”庞统回答：“确有此事。”刘备慨然叹息：“当时我正在危急之中，有求于孙权，所以不能不去见他。结果，竟差一点儿落到周瑜手中！”刘备还说：“天下智谋之士，所见略同。诸葛亮那时也劝我不要去，而且一再坚持，想来也是怕孙权扣留我。

我当时却认为孙权所要提防的是北面的曹操，应该希望由我做他的援手，所以才坚持去见他，一点也没有疑虑。现在想来，这确实是一步险棋，并非万全之计。”

可惜的是，后来庞统率众攻雒城时候，被飞箭射死，时年36岁。刘备极为痛惜，一说到庞统就流泪。为表彰他的功勋，任命他的父亲为议郎，后升任谏议大夫。刘备追赐庞统为关内侯，定其谥号为靖侯。

刘备还常常不拘一格提拔勇士，张嶷出生于贫寒的家庭，但从小立有大志。20岁时，张嶷便担任县里的功曹。刘备平定益州之际，山寇趁战乱起事，进攻县城，县令仓皇而逃。张嶷单身一人在刀剑丛中冒险救出县令夫人，使她得免于难。从此，张嶷勇敢、忠诚的名声便传扬四方，刘备知道后很快提升张嶷担任益州的从事。

鉴人有方

刘备往往因谈一次话，就能发现人才。例如庞统、邓芝、马忠等因见面与之语而“大奇之”。刘备与马忠谈过一次话后，对尚书令刘巴说：“虽亡黄权，复得狐笃，此为世不乏贤也。”这样的话，非善于知人者，是不能道出的。那些庸碌或多疑的君主不是经常感叹无才可用或用而不信吗？

刘备临死时，告诫诸葛亮说：“马谡言过其实，不可大用，君其察之。”可是诸葛亮不以为然，后来，诸葛亮初次伐魏，即用马谡为先锋，结果导致了街亭之败。说明刘备在知人方面，确实有高明之处。在马谡才能的问题上，刘备之所以有如此洞察力，完全是因为刘备一直都在慎重地思虑自己死后，将任用什么人来稳定蜀汉政权而进行了长期考察。这方面

诸葛亮确实不如刘备，刘备一生在选择谋臣、武将方面的眼光的确不同一般，这与他时时刻刻坚持冷静处事的思想分不开。

诸葛亮第一次北伐，屯扎祁山。曹真屡屡失败，魏主曹叡不得不起用司马懿。诸葛亮知道司马懿很会用兵，估计他会率军抢夺街亭，断其归路，就问：“谁愿引兵去守街亭?”话刚说完，参军马谡说：“我愿领兵去守。”诸葛亮说：“街亭虽小，但关系重大。假若街亭丢了，我们的大军退无归路，那就十分危险了。你虽然深有谋略，但此地既无城郭可守，也无险阻可依，要守住它，极其困难。”马谡不服地说：“我自幼熟读兵书，很懂兵法，难道连一个小小的街亭都守不了吗?”诸葛亮说：“司马懿不是等闲之辈，又有张郃做先锋，张郃乃魏国名将，你恐怕不能抵敌。”马谡说：“不要说司马懿、张郃，即使是曹叡亲自前来，又有什么值得惧怕的呢！我愿以全家性命担保。”诸葛亮说：“军中无戏言。”马谡说：“愿立军令状。”诸葛亮听马谡如此说法，就让他写了军令状，并交代说：“我给你两万五千精兵，再拨一名上将帮助你。”就吩咐王平说：“我知道你历来谨慎，所以特别把这一重任托付给你，你要小心地把守此地，一定要在大路当口下寨，使敌人不能急切通过。安营之后，马上绘制四周地理形势图送给我看。凡事你们都要商议之后再做，不可轻率大意。如你们能守住街亭，那将是我们占领长安的第一功。戒之，戒之。”

马谡、王平听了，拜别诸葛亮，领兵来到街亭。看完地形之后，马谡笑着说：“丞相何故如此担心。我看此地只是山中的偏僻之地，魏兵哪里敢来。”王平说：“即使魏兵真的不敢来，但我们仍要防备。我们就在这五条路的交点扎寨，再命士兵砍伐树木，立为栅栏，作长久守卫的打算。”马谡一听，却说：“这当路口哪是扎寨的地方，此地旁边有一山，此山四面都不与其他山相连。而且山上树木极多，这真是天赐我们的险阻之地，我们可以在山上屯兵。”王平忙说：“将军错了，如我们在当路口屯兵，并筑起墙来，敌人纵有十万人马，也不能偷偷地过去。现在假如放弃这要道口，而屯兵山上，如果魏兵突然来到，将山四面围住，到时用什么办法来抵挡魏兵呢?”马谡说：“你这真是女人之见。兵书上说，‘凭高视下，势如破竹。’如果魏兵敢来，我一定让他片甲不回。”王平又说：“我经常跟随丞相作战，每到一处，丞相总是尽力指教。现在我看此山，乃是绝地。如魏兵切断我军水源，士兵就会不战自乱。”马谡又说：“你不要乱说。孙武说过：‘置之死地而后生。’如魏兵真切断水源，那我军能不拼死作战吗？这正好以一当百。我常读兵书，许多事连丞相都得向我请教，你为什么老是试图改变我的想法呢?”王平没办法，只得说：“如你要在山上扎寨，那就分给我一部分兵力，我在山下扎一个小寨，以便互相呼应。如魏兵来，可以照应。”马谡不听，忽然山中居民成群结队而来，报说魏兵已到。马谡对王平说：“你既不听我命令，那就给你五千兵，你自己去下寨。但等我打败了魏兵，到丞相面前，你可分不到功劳啊。”说完，自己到山上下寨，王平也率兵在离山十里的地方扎营。

司马懿探知这些情况，忙令张郃带领一支部队，挡住王平，令申耽、申仪领兵两路，将山四面围定，并切断了取水之路。蜀兵在山上，看见魏兵漫山遍野而来，都很害怕，不敢冲下山去。马谡不停挥动红旗，但将领们你推我，我推你，无一人敢冲。马谡大怒，杀了二将，蜀兵惊惧，勉强冲下山来。但魏兵却不动，马谡只好又退上山去，固守待援，王平引军来救，又被张郃挡住，也只好退去。魏兵从早一直围困到晚，山上蜀兵无水，不能吃饭，终于大乱，熬到半夜，许多人都下山投降。司马懿又令人放火，马谡只得率残兵杀下山去逃命，街亭终于失守。

马谡其人，自恃才气过人，妄自尊大。正如刘备临死时所说的“马谡言过其实，不可大用”。他虽熟读兵书，但毫无实践经验，只知照搬兵法，不知审时度势、活学活用。他不顾地理条件和水、粮来源，屯兵山上，想“凭高视下，势如破竹”，又要“置之死地而后生”，违背了军事原则，所以大败。

刘备不只善于识别部属的才能，对于人的品性也有很高的鉴定能力。例如当阳战败时，有人说赵云已北去投曹，刘备立即说：“子龙不弃我走也。”不久，赵云果然抱着刘备的幼子阿斗回来了。又如刘备领益州牧后，有人诬告归附不久的李恢谋反，刘备立即“明其不然”。后来李恢果然成为蜀汉得力将领。

知人善任

刘备寓居荆州时，魏延就很想投奔刘备，赤壁大战后，魏延终于成为刘备的将领。刘备入蜀，魏延率部曲跟随，夺关斩将，立下战功，升为牙门将军。

公元219年，刘备得汉中，称汉中王，将政府部门迁往成都，要选拔一员大将镇守汉中。汉中是蜀汉的北大门，有“益州咽喉”之称，如果没有汉中就不会有蜀汉政权的稳定。因此，镇守汉中的责任重大。大家都以为一定是张飞，而张飞也认为非己莫属。谁知道刘备力排众议，提拔魏延为镇远将军、汉中太守，总管汉中地区的军政事务。这一决定出人意料，全军上下为之震惊，对魏延刮目相看。

刘备即将离开汉中，大会朝臣。他问魏延：“今天给你如此重任，你到汉中后会有什么打算？”

魏延说：“如果曹操举天下之兵来犯，一定为大王抵挡住他；如果曹操派遣偏将率领十万士兵来，我一定替大王把他们全给歼灭！”

这回答掷地有声，刘备听了拍手称好，而在场的文武官员认为他气势不一般。

魏延没有辜负刘备重托，他采用《周易》所载的“重门”之法，创立“围守”防御敌人，对保卫汉中做出了极大的贡献。他在汉中依地势筑起一座座土城围为营寨，各围积粮屯兵。敌人如果来进攻，各围马上出城，并相互救援，使敌人不能进来。这些错落的围寨，在公元244年曹爽进攻汉中时仍然发挥了作用。当时曹爽率军十万攻蜀，汉中守军不满三万，敌众我寡，诸将惊惶。有人主张撤围守，退保汉、乐二城，王平却主张利用诸围拒守，以待援军。结果，王平抵抗曹爽，都是依靠魏延的那些办法和设施获得成功的。

李恢是刘备精心物色，用于巩固政权的名士，而李恢也没有让刘备失望，在刘备夺取益州的时候，他就积极行动，四处游说，瓦解外围的敌对势力，做好刘备进入益州的各项准备工作，其中的最大贡献当属李恢单枪匹马去说服马超放下武器归顺刘备，扫清了刘备进入益州的最后一道障碍。

诸葛亮本来想亲自去劝降马超，刘备怕有疏漏，不肯让他去。这时，赵云推荐一个人名叫李恢，和马超曾经有过交往，愿意去说服马超。诸葛亮十分高兴，就派李恢前去。

李恢来到马超营寨，先叫人通报了姓名。马超说："我知道李恢口舌伶俐，他一定是来劝说我的。"于是令20个刀斧手埋伏在营帐中，说："我一声令下，你们就把他砍成肉酱！"

过了一会儿，李恢昂着头走进来。马超在帐中端坐不动，大声对李恢说："你来干什么！"

李恢说："特地来做客。"

马超说："我现有一柄新磨的宝剑，你说明这次做客的意图，如果道理不通，就拿你试试我的剑是否锋利！"

李恢笑着说："将军就要大祸临头了，只怕是新磨的宝剑不能试我的头，倒让你自己试验了呢！"

马超问："我有什么祸？"

李恢说："我听说越国的西施，善于毁谤的人也不能掩盖她的美貌；齐国的无盐，善于美容的人也不能遮挡她的丑陋。'太阳到中天后就会偏西，月满了就会亏缺'，这是天下的常理啊。如今将军和曹操有杀父的仇恨，而陇西又有切齿的仇敌；您前不能救刘璋，打退荆州的兵马；后不能抵制杨松的流言诬蔑，无法面见张鲁。眼下四海没有藏身的地方，如果再有在渭桥和冀城那样的失败，您又有什么脸面见天下人呢？"

马超听了这一席话，对李恢说："您说得很好！但是我马超实在无路可走了。"

李恢说："你既然听信我的话，帐下为什么还埋伏着刀斧手？"

马超大为惭愧，撤去埋伏。

李恢说：“刘皇叔礼贤下士，我知道他一定会成功，所以我已经离开刘璋，归顺了刘备。您父亲以前曾经和刘皇叔约定共同讨伐曹贼，您为什么不弃暗投明，上报父仇，下立功名呢？”

马超大喜，当即跟随李恢一同上葭萌关来投奔刘备。

刘备亲自迎接马超，以贵宾的礼节对待他。马超感激不已，说：“如今遇到贤明的君主，就如同拨开云雾见青天。”在这以后，马超成为刘备的五虎将中的一员，立下了赫赫战功。

对于李恢的功劳，刘备铭记在心，他认为李恢对于巩固自己在益州的统治十分重要。刘备领受益州牧后，有人诬告李恢谋反，刘备明白李恢绝对不会这样做的。刘备不仅没有调查李恢，甚至后来还提升李恢为都督。

建立政权后，刘备对人才的使用也非常妥当。原来刘璋既无法节制骄恣的州中诸将，也不能任用优秀人才，刘备则能按才录用。例如：董和、黄权、李严等本来是刘璋的部下；吴懿、费观、庞羲同刘璋有亲戚关系；彭羕是被斥无行，受到刘璋排摈的；刘巴则一向不屑与刘备共事，为刘备素日所怨恨。可是刘备因他们各有所长，“皆处之显任，尽其器能。有志之士，无不竞劝”。从此，原有的矛盾解除了，刘备的政权也得到了巩固。

刘备一直以能得人心著称，投奔其麾下者，或有以其雄才大略、待人以诚的人格特质而投靠，如赵云、法正等；或有几番逃亡而投刘备者，如刘巴、马超等；亦有因其求贤若渴的诚意而许以驱驰者，如诸葛亮。不管是以何原因，刘备皆能待之以诚、善任其才。这就是刘备虽然出身贫寒，缺乏靠山，却仍能在群雄中脱颖而出的最大原因，也是他成就一番惊天动地的伟业而留名青史的关键因素。

第四节 大胆放权

刘备十分注意放权，只要对自己有利，他就不失时机地赋予手下大权，让他们放心地去做事。这样做，刘备认为好处很多，放权可以显示自己充分信任自己的部下，让他们感激自己的知遇之恩，促使他们竭尽全力把主人交代的任务完成好；还可以给予这些人较大的自主决断的权力，使他们在身处险境的时候，能够从容应付——由于自己代表着主人行使权力，于是有了无所畏惧的心情，从而有助于能力的超常发挥。

实力日益强大的刘备，把统领军队作战的权力进行了再分配，在出兵平定荆州所属的大部分领土时，刘备把镇守荆州的权力交给了关羽，而把统兵作战的权力分别交给了张飞、赵云，诸葛亮则继续负责谋略的职能，于是刘备的权力开始延伸，他不再冲锋陷阵，而是更多地考虑自身的下一步打算。同时部属独当一面的时候，他们的积极性也被调动起来了。

刘备自从得了荆州、南郡、襄阳之后，伊籍向他推荐荆襄贤士马良，说此人眉间长有白毛，很有智谋。刘备便命人请来马良。

马良到后，刘备以厚礼相待，问其保守荆襄之策。马良说：“荆襄四面受敌，恐怕不可久守。可表奏刘琦公子为刺史，召集旧部守之，以安民心。然后南征武陵、长沙、桂阳、零陵诸郡，积收钱粮，以为根本。这是久远之计也。”

刘备听后很高兴，便问这几个郡县，先取哪一个。马良说："湘江之西，零陵最近，可先取之，次取武陵，然后湘江之东取桂阳，最后取长沙。"刘备任命马良为从事，伊籍为副；与诸葛亮商议送刘琦回襄阳，换关羽回荆州；派张飞为先锋，赵云合后；诸葛亮、刘备为中军，人马一万五千；留关羽守荆州；麋竺、刘封守江陵。

零陵太守刘度得知刘备军马到来，和他的儿子刘贤商量对策。刘贤说："父亲放心！刘备虽有张飞、赵云，我们有上将邢道荣，力敌万人，可以抵抗。"刘度令刘贤与邢道荣带兵万余，离城三十里下寨。诸葛亮自引一军前来，邢道荣出战。诸葛亮用扇指着邢道荣说："我乃南阳诸葛亮也。曹操引百万之众，我略施小计，便杀得他片甲不回。你们岂敢与我对抗？我特来招安你们，何不早降？"

邢道荣大笑说："赤壁鏖战，那是周郎之谋，和你有什么关系，敢出此狂言！"说完抡大斧奔诸葛亮而来。诸葛亮便回车，往阵中走，阵门便闭。邢道荣直冲杀过来，撞上张飞，大喝一声，战了起来。战数回合，邢道荣拨马便走，张飞随后紧追。邢道荣刚要逃脱，又撞上了从前面拦住去路的赵子龙。前后路都被堵死，又战不过，只好下马请降。

赵子龙将邢道荣绑起来送到刘备、诸葛亮面前。刘备让斩首。诸葛亮说："你要是能为我活捉了刘贤，便准你纳降。"邢道荣连说愿往。诸葛亮问："你采用什么办法抓他？"邢道荣说："军师今晚可调兵劫寨，我为内应，活捉刘贤，献给军师。刘贤既擒，其父必陷。"刘备不信其言，诸葛亮说："邢将军不会说谎。"便放了邢道荣。

邢道荣返回寨中见了刘贤，把和诸葛亮说的计策全告诉了刘贤。刘贤问："怎么办？"邢道荣说："可将计就计，今夜埋伏在寨外，寨中空立旗帜，待诸葛亮来劫寨，就围而擒之。"刘贤依计而行。

当夜二更，果然有彪军兵到寨口放火。邢道荣、刘贤从外边杀来，放火之兵便退。刘贤、邢道荣追了十几里，军皆不见。等刘贤、邢道荣返回寨时，张飞已夺了寨。刘贤、邢道荣又去劫诸葛亮寨，被赵云截住，一枪刺邢道荣于马下。刘贤急往回返，被张飞活捉，绑见诸葛亮。刘贤告诉诸葛亮："这都是邢道荣教给我这么做的，并非本心。"诸葛亮命令松绑，赐酒压惊，让他进城说服父亲刘度投降，如果不降，攻破城后，满门抄斩。刘贤进城见到父亲，详细说了诸葛亮之德，劝父投降。刘度看形势已如此，只好降了。诸葛亮叫刘度仍任零陵太守，令其子刘贤赴荆州随军办事。零陵居民尽皆喜悦。

刘备入城安抚已毕，赏劳三军。问众将："零陵已拿下了，桂阳何将拿取?"赵云说愿去，张飞也要去，二人相争不下。诸葛亮说抓阄儿，谁抓着谁去。结果赵云抓着。张飞生气地说："我并不要人相帮，只领三千人马，稳拿桂阳。"赵云说："我也只领三千人去，如拿不下此城，愿受军令。"诸葛亮大喜，立了军令状，选3000人马给赵云。张飞还不服，刘备将其喝退。

赵云领3000人马，往桂阳进发。早有探马报知桂阳太守赵范。赵范急招众商议。军校尉陈应、鲍隆愿领兵出战。赵范说："刘备乃大汉皇叔，更兼诸葛亮足智多谋，关羽、张飞极勇，今领兵来的赵子龙，当年在当阳长坂坡百万军中，如入无人之境。我桂阳有多少人马，不可迎敌，只可投降。"陈应还想试一试，说："我去和他厮杀，若擒不得赵云，再投降不迟。"赵范只好应允。

陈应是个猎户出身，哪里是赵云的对手，战了几个回合，便被赵云活捉，放其回去，转告赵范投降。

赵范投降，赵云出寨迎接，待之以礼，置酒相待。酒至数巡，赵范说："将军姓赵，我也娃赵，五百年前，本是一家。将军是真定人，我也是真定人，又是同乡。倘不嫌弃，咱们二人结为兄弟，实为万幸。"赵云大喜。因赵云大赵范四个月，故赵范拜赵云为兄。

第二天，赵云入城安民，赵范邀赵云入衙饮宴。酒至半酣，赵云微醉。赵范请出一妇人为赵云倒酒。赵云见这个妇人有倾国倾城之色，便问这是何人，赵范说是家嫂樊氏。

樊氏退下后，赵云问为何烦令嫂敬酒。赵范说："这中间有个缘故：先兄去世已三年，家嫂寡居，弟常劝其改嫁，可嫂嫂说：'只有三件事都全了我才嫁人。一要文武双全，闻名天下；二要相貌堂堂，威仪出众；三要与家兄同姓。'你说天下哪有这么凑巧的？兄堂堂仪表，名震四海，且也姓赵，正符合家嫂的三个条件。若不嫌家嫂貌丑，我愿出嫁资，与将军为妻。如何？"

赵云听此言，大怒而起，严厉地说："我既然与你结拜为兄弟，你的嫂嫂，就是我的嫂嫂。岂可结为夫妻，做此乱伦之事！"赵范羞愧满面，目视左右，有相害之意。赵云已察觉，打倒赵范，上马出城去了。

晚上，赵范让陈应、鲍隆假降，以害赵云，此计被赵云识破。陈应、鲍隆被斩，赵云引降军赚开桂阳城门，把赵范拿下。此时，桂阳已到手，赵云派人飞报刘备。

刘备与诸葛亮亲赴桂阳。赵云将赵范推于阶下，诸葛亮问之，赵范说了以嫂许嫁赵云之事。诸葛亮说："此亦美事，子龙为何如此？"赵云说："赵范既然与我结拜为兄弟，今若娶其嫂，惹人唾骂，一也；其妇再嫁，有失大节，二也；赵范初降，其心难测，三也。主公新定江汉，枕席未安，我怎敢以一妇人而坏了主公之大事？"

刘备说："今日大事已定，与你娶之，如何？"赵云说："天下女子不少，但恐名誉不立，何患无妻子乎？”刘备听后说：“子龙真大丈夫也！”遂释赵范，仍令其当桂阳太守，重赏赵云。

这时，张飞大叫：“子龙有功，偏我是无用之人！只拨给我三千人马，拿下武陵。”诸葛亮说：“前者子龙立下了军令状，今翼德要取武陵也要立军令状。”张飞马上立了军令状，领3000军马前往武陵。

武陵太守金旋听说张飞到，出城迎战。离城二十里正撞上张飞，张飞大喝一声，浑如巨雷，金旋失色，不敢交锋，拨马便走。退至武陵城下，他的部下巩志决定降刘备，不让他进门，乱箭齐射，其中有一箭射中金旋面部，坠于马下，军士割下其头献于张飞。巩志出城纳降，张飞领巩志去桂阳见刘备。刘备大喜，命巩志代金旋之职。

刘备认为关羽可以胜任夺取长沙的任务，于是派人写了一封信，让关羽从荆州赶过来，率领军队夺取长沙。刘备此次分权十分及时，因为不久，勇猛的关羽就拿下了长沙，替刘备扫清了前进的障碍。

长沙太守韩玄，平生性急，经常杀人，众皆恨之。闻知关羽军到，便请黄忠商议对策。黄忠说：“不必担忧，凭着我这口刀，这张弓，来一千，死一千。”原来黄忠能开二石力之弓，且百发百中。

这时，军校杨龄说：“用不着老将出战，我去就可以活捉关羽。”韩玄大喜，便令杨龄带1000人马迎战关羽。

关羽和杨龄战了不到三个回合，关羽手起刀落，砍杨龄于马下，一直追到长沙城下。

韩玄闻之大惊，便令黄忠出马，他在城上观看。

黄忠提刀纵马，引五百骑飞过吊桥。关羽看见来了一员名将，判断是黄忠，横刀立马便问：“来将莫非是黄忠？”黄忠答：“既知我名，为何敢来犯我境？”关羽说：“我特来取你的首级！”言罢，两马相交，斗了一百

黄　忠

回合，不分胜负。韩玄怕黄忠有失，鸣金收兵。关羽想：“这老将黄忠，名不虚传，斗一百回合，全无破绽，来日必用拖刀计，背砍赢之。”

第二天，关羽又来城下叫战。韩玄坐在城楼上，黄忠出战。两人又斗了五六十回合，不分胜负，两军齐声喝彩。鼓声正急时，关羽拨马便走，黄忠追来。关羽想用拖刀计，从背后砍去，忽见黄忠的战马失了前蹄，把他摔在地下。关羽双手举刀说：“我且饶你性命，快去换匹马，再来厮杀！”黄忠急飞身上马，奔回城中。韩玄问黄忠：“你的箭百发百中，为何不射？”黄忠说：“来日射之。”韩玄把自己的一匹青马给黄忠骑。

黄忠夜里想：“难得关羽如此义气！他不忍心杀我，我怎忍心射他？若不射，韩玄又饶不了我。”天晓，关羽又来叫战。战不三十回合，黄忠诈败，关羽赶来。黄忠想昨日关羽不杀之恩，不忍射，只是把弓虚拽弦响，关羽急闪，却没见有箭；关羽又赶，黄忠又射，仍没箭。关羽误认为黄忠不会射箭，麻痹起来，赶到吊桥处，黄忠在桥上搭箭开弓，弦响箭到，正射在关羽的盔缨根上。关羽吃了一惊，带箭回寨，才知道黄忠有百步穿杨之能，今日只射缨根，不射要害，正是报昨日不杀之恩。

黄忠返回城后，韩玄令左右把黄忠拿下："我连看了三天，你敢骗我。你前日不力战，必有私心；昨日马失前蹄，他不杀你，必有私通；今日两次虚射，第三箭又只射到盔缨上，证明你外通内连，若不斩你，必为后患！"喝令斩首。众将求情，韩玄则说，同情黄忠者亦斩。

刽子手正要举刀杀黄忠时，忽然一将挥刀杀人，砍死刀手，救起黄忠，大叫："黄汉升乃是长沙的保障，杀汉升就是杀长沙的百姓！韩玄不仁，轻贤慢士，应当诛之，愿者随我来！"众人一看，原来是魏延。魏延在襄阳没赶上刘备，才不得已来投韩玄。韩玄厌恶他骄傲无礼，一直没有加以重用。魏延救下黄忠，振臂一呼，从者数百人，黄忠挡不住，魏延把韩玄一刀砍为两段，提头上马，引百姓出城，投降了关羽。

刘备夺取益州过程中把自己的部分权力给予军师庞统，取得了很大的胜利，庞统死后，刘备经过认真思考，决定把攻城夺地的权力交给张飞，使其能够独立带领军队去完成任务。

张飞带领大军从荆州一路杀向巴郡，探马回报："巴郡太守严颜，是蜀中名将，年纪虽然很大了，但精力没有衰落，能拉开很硬的弓，使用一把大刀，有万夫不当之勇，据守城郭，坚决不投降。"

张飞命令离城十里下寨，派人进城劝降，严颜大怒："我怎么能投降盗贼呢！借你的嘴去告诉张飞我的意思。"令武士割下来人的耳鼻，然后放了回去。

张飞听说严颜如此辱骂，咬牙切齿，披挂上马，带领数百人来到巴郡城下，不管怎么叫战，严颜只是闭门不出。张飞猛然想出一计，叫众军不要前去挑战，只叫三十几个军士，直接去城下叫骂，引诱严颜出城。可是连骂三日，严颜就是不出城。

张飞又想到一个计策，他传令军士们四处砍柴，寻找路径，不再去巴郡城挑战。严颜一连几天都不见张飞有动静，心中疑惑，要十多个小兵，装扮成张飞小兵的模样，潜入张飞军中探听军情。

当日，张飞在寨中大骂严颜不出城迎战，帐前三四个人故意说："将军不必心急，这几天已经探到一条路，可以偷过巴郡。"张飞说："事不宜迟，今天晚上二更做饭，趁着三更月明的时候，大家都拿着武器，去掉马儿身上的铃铛，悄悄绕过巴郡城。我在前面开路，你们在后面跟着我走。"严颜派来的人得到这个消息，立即回城报告。严颜听后十分高兴，决定夜里出城从小路偷袭张飞。不料，正好中了张飞的计，被张飞活捉。

张飞夺占了巴郡，出榜安民。手下把严颜推了上来。张飞坐在帐内，严颜不肯下跪。张飞喝退左右，亲自解开严颜身上的绳子，拿来衣服替他换上，并扶严颜在军营正中高坐，自己则低头便拜。严颜感其恩义，于是投降了。

张飞向严颜请教入川的计策，严颜说："败军之将，承蒙您的厚恩，没有什么可以拿来报答的，愿意效犬马之劳，今不用费力，便可直取成都。"张飞问："您使用什么计策呢？"严颜说："从这里去夺取雒城，凡是把守关隘的将领，都是我的部下，我当为前部，所到之处，喊他们出来投降。"张飞感激不尽。果然，所到之处全是严颜的部下，纷纷出来投降。

刘备每次分权给各位将领，都取得了比他预想的速度还要快的战果，显示了刘备不同寻常的智慧。刘备聪明之处就在于减少权力运作的中间环节，给予战场主帅指挥权，这样有利于他们应付各种复杂的局面，也减轻了刘备的压力，可谓一举多得。刘备此举的关键在于自己必须拥有绝对控制力，在权力运作完成后，可以马上收回，刘备也自信有这样的驾驭能力，才果断用此方法。

放权是有风险的，但刘备会识人、会用人，因此能够大胆放权。比如把制约孙夫人的权力下放给赵云，本身就是有风险的，然而刘备却深谙此道，他完全把握了赵云的性格，放心地赋予赵云这个权力，赵云则忠诚地捍卫了刘备的利益。

刘备出征益州前，就考虑了孙夫人的问题，她是孙权的妹妹，孙权早晚会利用孙夫人打荆州的主意，为此必须寻找一个可靠的人，来负责看住孙夫人。但是这样的事情又不好明说，以免惹起孙夫人的疑心。刘备于是想到了一个放权的计策，由谁来执行他所下放的这个权力呢？刘备考虑了几个要素：一、这个人必须是自己的心腹，这样他才会忠心耿耿地护卫自己的利益；二、这个人必须没有任何私心，能够全心全意地维护自己的利益，不管是谁，只要侵犯了自己的利益，这个人就会不顾一切地站出来反对；三、具备一定的勇力，可以抵挡任何可能出现的危险，且不会因为受到威胁而退缩。

刘备经过一段时间的观察以及结合以往的认识，选择了赵云，这个在长坂坡单骑救阿斗的猛将，对刘备忠心耿耿，让他守护在孙夫人的身边，自己可以放心地率领军队去夺取益州。后来孙权果然想起了他的妹妹，便想以国太病危为借口把刘备的儿子带到吴国，以此要挟刘备，可他们还是没有刘备算计得早，少主身边早就有一个守护神，最终孙夫人没能带走阿斗，孙权的计划没有得逞。

对于伊籍的使用，同样说明了这一点。

刘备很早就认识到伊籍的本领，曾多次放权给他，让他以自己的名义去招揽益州名士，抚慰益州百姓，这是刘备能够很快夺取并控制益州的主要原因之一。后来刘备更是放心让伊籍去与孙权谈判以说服孙权出兵牵制曹操的军队，伊籍不辱使命，完成了这项艰巨的任务。

西川百姓听说曹操已取东川，预料必来取西川，有些惊慌。诸葛亮对刘备说："我有一计，可使曹操自己退兵。"刘备问是什么计策。诸葛亮说："曹操屯兵于合肥，是怕孙权。现在我如果把江夏、长沙、桂阳三郡还给东吴，派一个能言善辩的人，对孙权陈说利害，要求东吴起兵袭击合肥，曹操必然会把军队转向南方。"刘备便派伊籍为使，去见孙权。

伊籍见孙权，礼毕，孙权问："你到此为何？"伊籍说："上次诸葛瑾索取长沙等三郡时，因我军师不在家，没有移交成，今全部交还。我家主公说，荆州诸郡本欲全还，只因被曹操袭取东川，使关羽无容身之地。今合肥空虚，望君侯发兵攻之，使曹操向南撤兵。我家主公若取了东川，即调关羽去那里把守，即把荆州诸郡全还君侯。"

伊籍退出后，孙权问谋士，张昭说："这是刘备怕曹操取西川，故用此谋。虽然如此，我可因曹操在汉中，乘势取合肥，亦是上计。"孙权从之，便起兵攻合肥。令鲁肃收回长沙、江夏、桂阳三郡。

刘备在作出决定之后，总是大胆放权给手下，让他们全权负责跟对手谈判的所有事宜，遇到情况自己决定，只要能够办成事情，使用什么手段，借用他刘备的什么权力都行。有了刘备的认可，那些谋士便都有了信心，做起事情来也都不会畏首畏尾，他们机敏睿智，替刘备分忧解难，取得了最佳的结果。

第五节 攻心为上

刘备手下的人每一个对他都死心塌地地服从，很少有背叛之举。这是因为，他不是靠权威和利益来约束人，而是采用了“攻心为上”的这种更具有控制力的手段。

当曹操大败刘备，迫使刘备率领千余人狼狈不堪地退到汉江边上时，刘备对部将叹息说：“各位都有王佐之才，不幸跟随我刘备。我的命运十分困窘，连累各位了，今日身无立锥之地，我很怕耽误了各位的前程。各位何不离开我刘备而另投明主，以获取功成名就的声望啊?”刘备的这番话引起了众位部将的失声痛哭，大家都表示愿意与刘备共患难，刘备仅仅费了些口舌，就让那些原本毫无斗志的将士又群情激奋起来。

刘备从小就善于结交朋友，长大以后领兵，又十分注意善待部曲。不论关羽、张飞、赵云这些旧交，还是诸葛亮、庞统这些新来的朋友，刘备笼络他们的手段是十分高明的，一块儿吃，一块儿睡，人人见了都感激他，肯为他卖死力。就连仇人派来的刺客，也能被他很快感化。毋庸置疑，刘备这么做是有一定的功利目的，是为了收买人心，让人家替自己卖命。刘备认定，只要是自己人，他就对你好。而且他天生还有一种侠气，肯管别人的闲事，早期出兵救过孔融和陶谦，赢得了许多好名声。陶谦死后将徐州让给刘备，刘备怕袁绍不满，派陈登去请示，袁绍一听说是刘备要领徐州，立即就同意了。

刘备控制部下的手段和曹操形成了鲜明的对比。他充分地利用忠义思想在人们心目中的地位，在具体的管理实践中灵活运用，不仅赢得了部下的忠心追随，而且为其事业的发展奠定了坚实的基础。刘、关、张桃园三结义、三让徐州，不因的卢马妨主而设法祈禳，不苦留徐庶而使其母子团聚，弃新野携民渡江，摔阿斗以结将心，等等，都表现了刘备高明的制人之术。

在《三国演义》中，刘备是作为曹操的对立面出现的。刘备是忠义思想的典型代表，而曹操则代表权术势力。曹操崇尚法家，行法术之手段，刘备崇尚儒家，行忠义术之手段，相互对立，各有其效。但从最终的结果看，曹操虽然手段高明，但到其孙辈的时候，就被司马氏夺了权。而刘备尽管控制的地方小，人数少，但几十年后，仍然没有人背叛他，更别说篡权了。由此可见，两者不可同日而语。

刘备的攻心术主要分为忠、义、术三个方面。

一、忠。也就是忠诚、忠心，这是儒家思想的核心内容之一，也是其最高的道德观念。孔子的学生曾子曾说：“夫子之道，忠恕而已矣。”也就是说，孔子在待人方面的基本原则包括了“忠”和“恕”

两个方面，忠即是“己欲立而立人，己欲达而达人”，这是仁的基本标准，恕即是从反面讲“己所不欲，勿施于人”，这也是仁的表现。对君主和臣下来说，忠是实现彼此连接的纽带，“君使臣以礼，臣事君以忠”。意思是说，君主按照礼来使用臣下，臣下就用竭尽忠心来服侍君主。所以，忠不仅是个人行为的基本规范，也是个人社会行为的基本规范，在个人行为中要端正自己，忠心于家人、朋友、同事，要严于律己，宽以待人，严格规范自己的行为，才能谈得上认真地做人，在个人的社会行为中则要选择圣主明君，进奉忠心，在家国同构的社会关系中，要视国家为己家，视君王如家长，忠心耿耿，所以忠君爱国是一体的。

三国时期出现了许多竭尽效忠的死节之士，如王允、董承等，但忠的观念不应是盲目的。关羽、张飞、赵云以及孔明对刘备的忠心就不是对汉献帝的忠，这是因为汉献帝对他们来讲太遥远，加之曹操挟献帝而独操国柄，因此，他们都不可能对献帝效忠；他们所面对的、直接与之相关联的是刘备，而刘备既有汉室血统，又属仁德之主，举匡扶社稷、兴复汉室之旗帜，这样他们便将对国家的忠寄托在刘备的身上，刘备也深知其中的道理。所以，刘备无论何时都必须打出兴复汉室的旗帜。

《三国演义》第二十六回写道：刘备被曹操击败逃走，关羽为了保护刘备家小，提出“降汉不降曹”等条件暂栖曹营，曹操以金帛美女、大宴小宴百般笼络，想收关羽为己用，而关羽始终不为所动，当知道刘备的消息后，便想方设法回到刘备身边。作者通过关羽的行为，一方面，刻画了关羽的忠义形象；另一个方面，也反映了刘备对其部下的感召力。

关羽在兵败被围、不知刘备下落的情况下，已经准备杀身成仁。但在张辽的劝说下，开始动摇了。

在投降曹操之前，关羽居然提出了三个条件，而且每一个条件都是围绕刘备的，表明刘备在他心中的地位。

关羽说："一、我与刘皇叔誓盟，共扶汉室，我今天只投降汉朝皇帝，不投降曹操；二、二位嫂嫂处请给刘皇叔俸禄赡养，曹操手下的所有人，都不允许进入；三、只要我知道了刘皇叔去向，不管千里万里，就会辞别曹操而去。这三条有一条不答应的，我绝对不会投降，请文远禀报丞相。"

张辽见了曹操，先说降汉不降操之事。曹操说："我是汉相，我就是汉，汉就是我，这一条可以答应。"张辽又说了第二条，曹操说："我可以加倍给予俸禄，至于严禁上下人内，这是家法，可以答应。"张辽讲了第三条，曹操摇头说："那我养关羽有什么用呢？这件事情很难答应。"张辽说："刘备待关羽不过恩情深厚罢了，丞相加倍施厚恩给他，何愁关羽不降服呢？"曹操说："文远说的话很对，这第三条我也答应了。"

张辽返回山上，告诉关羽三约丞相全答应了。关羽说："虽然这样，暂请丞相退兵，我进城先告知二位嫂嫂，然后投降。"曹操退兵三十里。关羽见了糜、甘二夫人，将三约内容告诉了嫂嫂，然后说："我没得到嫂嫂同意，不敢擅自做主。"二夫人说："叔叔自己做主，凡事不必问我们了。"

关羽来拜见曹操，曹操亲自出辕门迎接。关羽说："文远代替我跟丞相说了三约的事情，承蒙丞相答应，希望不要食言。"曹操说："我的话既然已经说出来了，又怎么敢言而无信呢。"关羽又说："我如果知道刘皇叔在什么地方，即使赴汤蹈火，一定前去寻找。那个时候恐怕来不及向丞相告辞，到时还乞求丞相见谅。"曹操说："刘备如果还在，一定让你离开，但是我担心刘备已经死在乱军中了！"

第二天曹操班师回许昌，关羽请二位嫂嫂上车，亲自护车而行。在路上住宿，曹操有意安排关羽与二嫂住一个屋子，以乱君臣之礼。关羽就立在二位嫂嫂门外，通宵达旦，毫无倦色。

曹操见如此，更加敬佩关羽。

关羽为了表明自己是效忠刘备的，事事都要向刘备的二位夫人禀报，而且全力护卫她们，可见刘备利用结义的手段的效力，这是一种看不见但却深深烙在关羽心上的控制力，刘备正是凭借这个把张飞、关羽等人拴在了自己的战车上面。

到达许昌，曹操带着关羽朝见汉献帝。汉献帝看见关羽的胡子长得又长又黑，很是喜欢，说："真是美髯公。"并任命他为偏将军。从此人们都称呼关羽为"美髯公"。

关羽自到许昌后，曹操对他十分热情，三天一小宴，五天一大宴，送了许多金银财宝，还送美女 10 人。关羽把东西交给嫂嫂收藏，将美女送进嫂嫂内室，服侍二嫂。

一天，曹操看见关羽穿的战袍已经破旧了，便做了一件新战袍相送。关羽收下，穿在里边，外面仍穿旧袍。曹操见了说："关羽怎么这么节俭呢?"关羽说："不是节俭，旧袍是刘皇叔送的，我穿在外面如见其面，不敢因丞相新赐的战袍而忘记兄长原来赐给的旧袍，所以穿在新袍的外面。"曹操虽然心里不高兴，但不得不说："真是义士啊。"

有一天，曹操送关羽出门，看见关羽的马很瘦，下令左右牵来一匹马相送，其马身如火炭，十分雄伟。曹操问关羽："认识这匹马吗?"关羽说："不会是吕布所骑的那匹赤兔马吧?"曹操说："正是。"关羽立即下拜致谢。

曹操问："我多次送美女金帛，你都未下拜；今天送你一匹马，反而高兴而下拜，怎么看不起人而珍惜牲畜呢?"关羽说："我知道这匹赤兔马日行千里，如果知道了兄长的下落，一天就可以相见了。"曹操听了后悔莫及。

曹操问张辽：“我待关羽不薄，而他还经常想着离开我，这是为什么？”张辽说：“我去打探一下关羽的情况。”张辽见关羽后问：“刘备对您不一定有丞相对您那么好，为什么您总是想着离开丞相呢？”关羽说：“我知道曹操待我很好，但我受刘皇叔厚恩，发誓共同生死，不可以背弃誓言。我要立功来报答曹操，然后再离开！”张辽把关羽的话告诉曹操。曹操说：“事主不忘其本，真是天下的义士啊。”

后来当关羽知道刘备在袁绍处且收到刘备写给他的信后，便到相府，向曹操辞行。曹操知其来意，避而不见。

关羽令旧日跟随他的人，收拾车马，把曹操所赐金银财宝，尽皆留下。

第二天，他再往丞相府向曹操辞谢，又吃了闭门羹。关羽一连去了数次，均不能见。回来提笔给曹操写了一封告别信，派人送丞相府，挂印封金，请二嫂上车。关羽骑赤兔马，手提青龙刀，护车朝北门走去。

曹操正在和人议论关羽之事，左右呈上关羽的信。看毕，曹操大惊：“关羽去矣！”此时将军蔡阳挺身而出：“吾愿带铁骑三千，去生擒关羽，献于丞相！”曹操说：“不忘故主来去明白，真丈夫也。你们都要效法之。”遂喝退蔡阳，不要去追。

程昱说：“若让关羽归袁绍，如虎添翼，不如追而杀之，以绝后患。”曹操说：“原来关羽提出的三个投降条件，我都答应了，岂可失信。彼各有其主，不可追也。”曹操又对张辽说：“关羽封金挂印，财贿不能动其心，爵禄不能移其志，这样的人我深敬之。想他没走远，我索性结识他做个人情。你先去留住他，我亲自与他送行，更以路费和征袍赠之，作为纪念。”张辽领命而去，曹操引数十人随后而来。

张辽赶上关羽不久，曹操便飞奔前来，背后是许褚、徐晃、于禁、李典等，手中都没带兵器，见此关羽才放了心。曹操见关羽横刀立马于桥上，问：“云长行何太速?”关羽欠身说：“关某前曾禀报过丞相。今刘皇叔在河北，不由我不急去。我多次去丞相府，不得参见，故拜书告辞，封金挂印，纳还丞相。望丞相勿忘昔日之言。”

曹操说：“吾想取信于天下，怎敢有负前言。恐将军途中困难，特来送一些路费。”关羽说：“累蒙恩赐，尚有剩余。留此黄金，以赏将士。”送过来的黄金也不要。

曹操又说：“云长天下义士，恨我福薄，不能相留。赠锦袍一领，略表寸心。”曹操令一将双手捧过袍来，关羽恐有所变，不敢下马，用青龙刀尖挑锦袍披于身上，勒马回头称谢说：“蒙丞相赐袍，异日更得再会。”说完下桥向北而去。

关羽赶上二嫂，将曹操赠袍一事相告。关羽过关隘五处，斩孔秀、孟坦、韩福、卞喜、王植、秦琪六将。

刘备编织出一张无形的大网，把张飞、关羽、孙乾等人牢牢地粘在上面，其实刘备本人并没有施加任何强力给他们，但是在他们中间自然而然就会形成一种彼此制衡的力量，而这种力量就是刘备本身最需要的控制权力的力量，对于部将的控制是这种权力的核心部分，张飞听人说关羽投降曹操，根本不会去调查其中的原因，就决定要代刘备铲除叛徒，刘备部下这种自觉地维护刘备队伍纯洁性的举动，表明了刘备无形间形成了牢固的制权网络，且对于他的每一个部下都有约束力。

二、义。也就是道义、礼义、情义以及义气等。“义”在儒家思想中，如同“仁”“礼”等一样，是个十分重要的伦理范畴，但具体的含义颇多。《论语·卫灵公》曰：“君子义以为质，礼以行之，逊以出之，信以成之。

君子哉!”《阳货》曰：“君子义以为上。君子有勇而无义为乱，小人有勇而无义为盗。”《里仁》曰：“君子之于天下也，无适也，无莫也，义之与比”，“君子喻于义，小人喻于利”，等等。由此观之，义是中国传统文化中对做人的基本要求，即人的任何行为和思想都要符合义的要求，要严格按“义”去做，这种“义”实际上就是一种规范。相应的就有朋友之义、兄弟之义、父子之义、君臣之义。董仲舒讲：“明君臣之义，守国之正也。”所以，“义”和“忠”往往是密切关联的。忠义、仁信便构成了中国传统伦理道德中的两对最基本的规范。

刘备利用“桃园三结义”，把关羽和张飞牢牢地控制在自己身边，使他们从精神上依赖自己，永不背叛。“义”字突出的是“上报国家、下安黎庶”，其中前者为忠，后者为义。通过这种忠义，刘、关、张结成了生死同盟，成为刘备创立基业的坚实力量和核心，此后通过这种形式又吸收了赵云、孔明等忠义之士。正因为这种义，关羽摒弃了曹操金钱、美女、高爵厚禄的诱惑，千里走单骑，过五关斩六将，寻找兄长，以实践其结盟的誓言；刘备则为替异姓兄弟报仇，置新创王业于不顾，执意伐吴，“朕不为弟报仇，虽有万里江山，何足为贵?”其感情之真挚，信义之坚定，确实感人肺腑。试想，在那战乱频繁、人欲横流、见利忘义、朝秦暮楚、卖主求荣，今日为兄弟，明日为仇敌的时代，如吕布、袁谭、袁尚者，比比皆是，相比之下，刘备却独撑“忠义”之旗，强调彼此无私、平等和双向的感情契合，实为可贵、可敬。

刘备这种无形的制权手段，是他踏入群雄纷争的战场后经常使用的，效力持续极其长久，刘备每次被打败，他的部下都会因为受到他的影响而重新回到他的身边，关羽即便在曹操的营垒中生活了很长一段时间，最终仍然是挂印封金离开曹操而回到落魄的刘备身边，张飞可以不顾结义的情义去杀关羽，这一切都是刘备制权所要达到的效果。刘备并没有给关羽、张飞太多压力，也不会刻意要求关、张二人必须服从自己，而他始终挂在嘴边的是“结义”二字，于无形间控制了手下的忠心，这便是刘备高人一等的智慧所在。

三、术。每个人手下都会有些让自己头疼的人，能不能容得下，反映了领导者的心胸宽狭。心胸越是宽广，就越能得人心，成就的事业也就越大。反之，心胸狭窄，即使自己有天大的本领，也要大打折扣。刘备是历代少有的大度之主，他对廖立的态度，充分显示了一代英杰的博大胸怀。

廖立是令刘备非常头疼的人物。他多次上书指出刘备集团的问题，很多时候甚至直接评论刘备的得失。刘备并没有惩罚过他，还给他说话的权利。刘备这种大度的作风对于廖立性格改变没有作用，但在后来夺取益州、笼络当地士民方面获益匪浅。因为刘备明白，杀廖立不可能封住所有人的口，相反还会伤害更多贤才的心。

蜀汉政权建立是艰难的，刘备深知稳定它也是不容易的，为此他多方采纳别人的意见，不论他们的意见是温和的还是尖锐的，刘备都虚心接纳，其中有些人将批评意见的矛头就直接指向了刘备本人，尤其是廖立更不会顾及刘备丝毫的颜面，这让刘备十分尴尬。但刘备并没有杀他，这主要是从利权的角度考虑，因为杀了这么一个廖立，就会失去众多像廖立这样有才干的人，何况廖立除了喜欢讥讽刘备外，也确实有治国才能，所以刘备不愿意冒着人才流失而动摇国之根本的风险去杀廖立，这样太不合算了。

廖立与诸葛亮年龄相仿。刘备入蜀，诸葛亮留镇荆州。当时孙权派使臣与诸葛亮交好，问起荆州有哪些治世的人才。诸葛亮说：“庞统、廖立，楚之良才，应当是兴旺事业的俊杰啊。”当时荆州士人都将诸葛亮与庞统二人齐名并称，称为卧龙、凤雏。卧龙指诸葛亮，凤雏指庞统。这里诸葛亮把廖立与庞统并称，可见推崇之高。可惜，廖立机遇不好，未能发挥他的经世之才。刘备入蜀，委廖立为长沙太守。公元215年，孙权派吕蒙袭取荆州江南三郡，即长沙、零陵、桂阳三郡。吕蒙是一员有勇有谋的骁将，关羽尚且惧他三分，廖立哪敢抵敌，便弃城逃走了。幸好，刘备尚能识才，没有责备他，又把他委为巴郡太守。

廖立在巴郡太守任上，也没有什么作为。他恃才傲物，不理郡事，政务钱粮都是一笔糊涂账。公元219年，刘备称汉中王，廖立为侍中，时常发些牢骚，不过刘备都宽恕了他。

世上所谓人才，有经纬之才，有吏能之才。廖立属于前者，有经邦治国之才，而刘备、诸葛亮却只把他作为吏能之才来任用。因此廖立不尽心理事，还常发牢骚，这就难免仕途坎坷了。当时的士人，如果被大材小用，便经常用消极的态度来表示反抗。例如庞统，刚刚归附刘备，被任命为耒阳县令，不理政事。后来孙吴的鲁肃向刘备建言，庞统这才得到重用。又如蒋琬，刘备最初把他用为广都长，蒋琬很不高兴，整天喝酒不理事。刘备去视察，他也漫不经心。刘备大怒，要杀蒋琬，诸葛亮保释了他，说："蒋琬，是能够管理社稷的人才，而不是百里之才。"蒋琬后来果然成了蜀国的谋士。庞统有鲁肃推荐，蒋琬有诸葛亮推荐，而廖立无人推荐，真有点机运不好！

廖立为人直爽，他看到不对的事情，就会大胆批评，时常指责刘备决策的失误，让刘备下不了台。但是这样的人又绝对不能杀，刘备只好听之任之，把处置廖立的事情留给了诸葛亮。

廖立对时政的批评，总起来有两个方面：一是指出刘备用人不当；二是批评军事战略上的谋划不周。他直言不讳地指出："刘备不夺取汉中，

跑过去与吴人争夺南三郡，最后还是把三郡给了吴人，白白地劳役吏士，没有得到什么好处就回来了。曹操夺取汉中后，派夏侯渊、张郃深入到巴郡，使刘备几乎丧失益州。关羽父子战败而死，是因为关羽肆意倚仗自己勇猛的威名，指挥军队不得法，随心所欲造成的。”应该承认，廖立的这些批评，不仅是相当大胆的，而且是尖锐中肯的。

刘备死后，廖立守灵，他竟然带刀在灵前杀人，诸葛亮虽没有追究，可也不理会他。廖立终于沉不住气，径直向诸葛亮发牢骚，认为自己不宜与诸将地位相等，应当为上卿。诸葛亮说：“李严尚且不是上卿，还轮不到你发言呢！”李严在刘备死后，地位仅仅在诸葛亮之下，是刘备临终托孤的顾命大臣之一，所以诸葛亮用李严比廖立。廖立更加不服，他自认为才名“宜为诸葛亮之贰”，根本看不起李严。没想到诸葛亮把他放在李严之下，因此十分郁闷，与诸葛亮的矛盾日益加深。诸葛亮为了缓和矛盾，上表后主，把他外放为长水校尉，廖立的种种表现，损害了自己的声名。

刘备没有处置廖立，这是明智之举，因为这对于稳定蜀汉的人才有利，刘备对待廖立的态度实际上就是一张安民告示、一张求贤通告，刘备就是希望天下有志于建功立业的人纷纷归附到自己手下，虽然后来没有达到这种目的，但是这样的策略是正确的。

在攻心的方式上，曹操与刘备具有不同特点。曹操攻心多威逼利诱，软硬兼施；而刘备攻心多仁以怀之，德以报之，信以用之。在曹操处，人们一般是迫于其权势；而在刘备处，人们一般是心悦诚服地愿随之驱使。他“携民渡江”时“要投江”，荆襄军民感其德愿誓死相随；“摔阿斗”“遣众将”以结将心，使众将死心塌地为之效力；“三顾茅庐”表现其求贤若渴；以“鱼水关系”待诸葛亮，使其感其心诚，愿随驱使，“鞠躬尽瘁，死而后已”。即使夺人之国，他首先考虑的还是“人心”，他不纳庞统之策，反对“杀其主夺其国”，而是趁拒张鲁之际，“厚树恩德，以收众心”，待民心安稳才起兵夺蜀，沿途不扰民，优待俘虏，极得人心。

“得人心者得天下”，如何赢得人心以获取民众的支持和信任，这是取得事业成功的关键。这里的人心有民心、军心和将相之心，所以“攻心”是统御术的核心。通过攻心，才能顺民心、抚军心和结将相之心，三心皆备不怕霸业不成。刘备攻心多以儒家思想，仁以怀之，德以报之，信以用之，收到了很好的效果。

公元194年，刘备因援救徐州牧陶谦，被陶谦表为徐州刺史。陶谦临死时，拟令刘备代领徐州，他对部属说：“非刘备不能安此州也。”陶谦死后，州中官吏迎接刘备赴任，刘备谦让不敢当。孔融对刘备说：“今日之事，百姓与君，天与不取，悔不可追。”事后，袁绍也说：“刘备弘雅有信义，今徐州乐戴之。诚副所望也。”就连曹操部下的谋臣程昱说：“刘备有雄才，而甚得众心。”因此陶谦死后，刘备受徐州官吏拥护，一跃而为徐州牧，并被曹操任命为镇东将军，封宜城亭侯。

当阳长坂坡之战，赵云拼死杀入曹军之中，七进七出，皆因为要救出阿斗。待其追上刘备后，刘备接过阿斗，把阿斗扔到地上说：“为了我这个儿子，几乎损失我一员大将！”刘备为什么要这样做？当然是显示自己爱惜将领的心意。爱惜将领超过爱惜自己的孩子，从而使赵云更加忠心耿耿，以后无论发生什么样的事情他都不会背叛自己，可见刘备的攻心之术是多么的厉害。

总之，刘备控制部下不靠强制性的手段，而是依靠一些隐形的东西，诸如仁义、道义等。这样的制权手段表面上是看不见的，却如同一条条无形的锁链，一直拴到人的心里，使部下既不敢反，也不愿反，这种治人于无形的智慧，才称得上是上乘的智慧。

第六节 大哥的手段

刘备在长期的颠沛流离中，给人的印象是毫无权威可言。其实，刘备领导欲望十分强烈，他习惯于利用一切事情树立自己的权威，以此来驾驭部下。只不过在长期的奔波中，刘备形成了一种与众不同的立威思维，运用权威的方式也别具一格。

在刘备当安喜县尉期间，发生了一件事情，充分反映了刘备不同常人的领导思维。

刘备当上安喜县尉不久，朝廷就颁发了诏书。要各级官员检查那些因军功而为官吏的人，如果不称职，就要淘汰。郡中的太守派督邮巡视下属各县，督察县中的官吏。督邮来到安喜，准备遣散刘备。刘备探知自己将被遣散的消息，非常焦急，就到督邮所住的馆舍求见，但督邮推说身体不适，不肯接见。刘备愤怒至极，就回到自己的官署，带领一批衙役，冲到督邮住处，并大声说："我接到太守的密令来收捕督邮！"说完，命令衙役把督邮捆绑在树上，用马鞭狠狠地抽打了他一顿，还要杀死他。督邮苦苦哀求，刘备才免他一死。为了此事，刘备也只能弃官逃跑了。后来这件事情却被罗贯中安放到了性格暴躁的张飞身上，其实刘备能够干出这样的事情，也说明他不愿意接受他人的领导，而有意做出莽撞举动。从这件事情可以看出，刘备十分注重自身领导权威的树立。

公元 207 年，刘备三顾茅庐，在隆中请出了诸葛亮。刘备对诸葛亮格外礼遇，是因为这时他手下几乎没有文臣，他不会放走任何一个可以网罗的人才。在他的心目中，一个 27 岁的年轻人，能够畅谈天下形势，而且言之成理，已经很不错了；再锻炼十几年，说不定会派上大用场。至于谁该当今后的丞相，刘备这时想都没有想过。

诸葛亮年轻的时候很自负，自比于管仲、乐毅，又好为"梁父吟"，一副风流倜傥的样子。公元 208 年，他作为大使被派遣到东吴，联吴抗曹。赤壁之战后，刘备与关羽、张飞、赵云忙着带兵平定荆州，诸葛亮却派不上用场。直到刘备打下南四郡后，才任命诸葛亮为军师中郎将，派他总管零陵、桂阳、长沙三郡，收收赋税和粮食，以便保障前线作战需要。事实证明，刘备这个时候对诸葛亮的冷落与磨炼，日后对诸葛亮是大有好处的。

公元 209 年至公元 213 年，这五年中刘备一直忙于抢占别人的地盘，诸葛亮则总是留在后方。这时，刘备的谋士队伍，又多了庞统和法正，这对诸葛亮应是个威胁。公元 214 年，刘备转攻刘璋，命令诸葛亮、张飞、赵云溯江入益州，合围成都。赵云走的是长江这条路，攻占江阳等地；张飞走的是嘉陵江这条路，攻占江州、巴西；诸葛亮第一次单独带兵，走的是洛江这条路，攻占德阳，这是很不容易的事。几路人马包围成都之后，戏剧性的场面又出现了，刘备派遣入城劝降的是简雍而不是诸葛亮。刘备这样做，完全是因为简雍与刘璋私交甚好，但客观上对诸葛亮又是一次冷落。

刘备这样做是一种策略，他知道如何在属下中树立一种领导的威信，诸葛亮确实很有才能，然而很快就赋予诸葛亮大权，不但不能够说服诸如张飞、关羽等长期跟随自己出生入死的将领，而且对于日后驾驭诸葛亮也是不利的。因此，尽管刘备对诸葛亮三顾茅庐，招纳他的时候十分谦恭，可也认为一旦成了自己的部下，首先就得守规矩，一定得先学会如何听从主人的话。这样看来，诸葛亮确实在刘备的引导下，改变了以前在隆中时清高孤傲的毛病，逐步向刘备所要求的标准看齐。

刘备入成都，任命诸葛亮为军师将军，负责左将军府事务，同时又任命帮助自己取益州立下大功的法正为扬武将军、蜀郡太守。两相比较，法正的地位高于诸葛亮。说到人际关系，法正可以在刘备面前随便说话，甚至敢于管刘备的家事，诸葛亮却不能够。接下去，诸葛亮就留在成都，任务是确保作战所需要的兵源以及保证军队有充足的粮食，而法正却可以跟随刘备出征，积极进言。夺取汉中后，刘备又任命法正为尚书令、护军将军。法正多诡计，这传到曹操耳朵里，他惋惜地说：“我把天下的奸雄都收罗尽了，为什么漏掉了法正！”

刘备的这些举措对于威震群臣很有帮助，他知道给予一个人的权力过多，就会滋生反叛的心理，很容易出现功高盖主的状况，历史上屡屡出现手握重权的大臣弑主的事情发生，刘备再仁德，仍不得不提防可能出现的威胁。为此，他一方面，在诸葛亮面前多次赞赏他的才能，口头表示一定

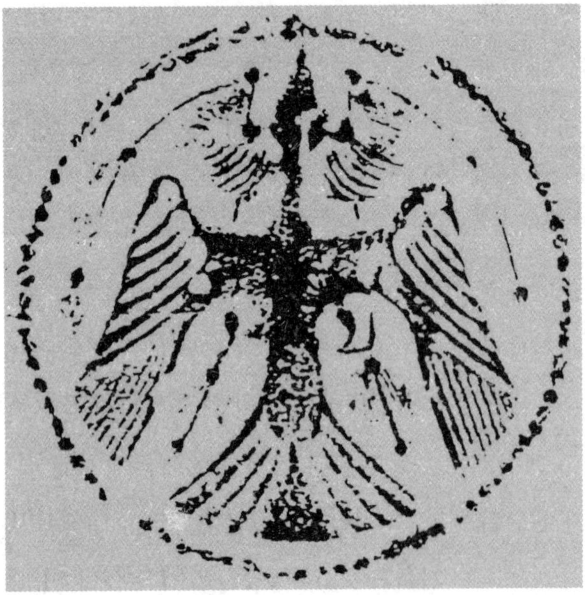

对他的计谋言听计从；另一方面，则让诸葛亮做些琐碎的小事情，而提拔许多以前地位很低的手下，目的就是想试试诸葛亮对自己这样做的态度，如果诸葛亮表示出明显的不满，他就可以名正言顺地收拾他；如果诸葛亮没有太多的怨言，则可以将自己身死之后的事情托付给他。诸葛亮十分聪明，从以往的史料中，没有任何关于诸葛亮向他人抱怨刘备曾经怠慢过自己的言行。相反，诸葛亮反复强调的就是刘备三顾茅庐的事情，可见刘备已经在诸葛亮面前树立了威信，无论其间是否是诸葛亮的真心流露，有一点可以肯定，就是刘备采取恩威并立的手段管束部属是奏效的。

据有关学者研究，诸葛亮出山后的十四年，只是刘备的谋士之一，并非刘备言听计从的军师。诸葛亮在襄阳时，说徐庶当个州郡官就该满足了；徐庶问他的志向，他却笑而不答。可是经过十四年磨炼，诸葛亮的狂傲之气不见了，他学会了小心谨慎，事无巨细，都要竭尽全力去做；在人际关系上，他学会了忍让和调和；在功名利禄上，他学会了克己。更重要的是，诸葛亮已经懂得刘备所说的“鱼水关系”只是一种招贤术，他可以把与任何谋士的关系都说成“鱼水关系”。可是诸葛亮仍然坚守自己的诺言，对刘备忠贞不贰。这种心态正是刘备所要求和欣赏的。

法正当了蜀郡太守后，骄横狂躁，报复杀人，有人希望诸葛亮向刘备报告，诸葛亮说这办不到，主公与法正有特殊关系，我无法左右他。这是诸葛亮在权臣前有意的退让。当马超当了平西将军，关羽深感不满时，诸葛亮写信解释，马超有黥布、彭越的才干，可以与张飞并驱争先，然而比起美髯公（指关羽）来又略逊一筹，使关羽非常高兴。这是诸葛亮从大局的角度出发做出的合理奉承。这样的人际关系是诸葛亮过去未曾经验的。有人说这些方面显示了诸葛亮的妥协，不对。这些方面恰恰显示了诸葛亮已走向成熟。

威信的确立不仅仅是依靠对部将的牵制或者压制，还可以借助名正言顺的尊卑地位来完成。刘备正是从这个角度考虑，在当汉中王的时候，是接受部将的反复劝说后才决定登上汉中王的位置的。不过在登上王位之前，他不能轻易就应允部下的建议，因为这样就显示出好像刘备登上王位是自己迫不及待的样子。刘备施展驾驭属下的才能，不动声色地否决了部下第一次提出的建议，等到诸葛亮亲自出马，对刘备说了一通大话，刘备才做出被迫状接受了汉中王的提议，他其实早就知道诸葛亮要对自己说的话，这些话不能自己说出来，也不能是别的什么人，一定需要重要的人物，并且一定将道理摆出来，又不能露出任何破绽，这样一旦说出去，给大家的感觉就是因为刘备顺应天意，具有仁德宽厚的王者品格，于是众将领便认可了他的威信，刘备此谋的确是一个大手笔。

刘备手下悍将如云，没有一定的方法，他是驾驭不了这些将领的，要使这些将领服从自己的权威，一个基本的原则就是不偏爱某一个或者几个将领，对于将领们的不轨行为应该严加申饬，特别是对于嫡系的将领更要显示出这样的态度，才能对非嫡系的将领有说服力。

张飞是个典型，他为人直爽，从不在乎君臣礼节，而且还好喝酒，经常违反刘备的规定——酗酒，酗酒之后还多次鞭挞士卒，多次引起大家的不满，对此刘备也不纵容。一次，刘备巡视军营，正好遇到张飞酗酒，而且醉得不省人事，刘备非常生气，他命令士兵将张飞捆绑起来扔到水里，等张飞醒来，刘备当众责罚了他，并且重申军纪，指出如果张飞再次喝酒耽误军事，就按照军法严加处理。此外刘备多次当面批评张飞不要随意责罚士兵，要善待部将。由于刘备的督促，张飞后来有所收敛，告状的人也比以前少了许多。

统率猛将如云的军队，领导者必须具有威慑力。刘备对于威慑力的理解也是与众不同的，他一方面是将自己的意见作为权威灌输给部下，对于张飞，刘备就是这样，经常指出张飞的不足之处，同时又把自己相对有道理的建议告诉他，张飞深感有理，时间一长，张飞对于刘备的服从就不仅仅是基于桃园结义时的感情因素，而多了一层对刘备领导能力的佩服。

要取得所有部下的信任，确立在他们中间的威信，必须用公平的心态对待每一位成员，刘备对待部下就是采取这样的策略。

刘备为了表示公正，有时甚至把处置将领的权力下放给军师诸葛亮，对于自己身边最亲近的大将犯了错误，刘备也不得不亲自出面求情。

关羽在刘备的所有大将中与刘备的关系是最亲密的，也是刘备最得力的一员战将，然而当关羽在华容道放走曹操后，诸葛亮毫不留情地要处死关羽，这时刘备不得不出面替关羽说情。这件事情表面上看来好像刘备没有任何权威，其实不是这样的，刘备这里耍了一个小计谋，他把处置自己最亲近将领的权力进行了转移，这样可以避免直接参与到处理这些与自己同生共死的将领的决断，可以摆脱与他们之间面对面的尖锐对立，关键的时候还可以出面帮助他们解难，从而不仅不会遭到他们的记恨，还因为自己主动出面解决他们的危难，而得到他们的效忠，刘备就是凭借这样的手腕，保证了自己长期的威权地位。

关 羽

关羽依照诸葛亮的建议在曹操必须经过的最后一道关口——华容道阻击曹操，两人相遇后，却不是一场生死搏杀，而是曹操的个人感情表演。

曹操说：“既然在这里遇到关羽，那只有决一死战了！”

众将说：“人纵然不胆怯，马力已经疲乏了，怎么能够决战呢？”

程昱说：“我平时就知道关羽傲上而不忍下，欺强而不凌弱，恩怨分明，一贯看重信义。丞相过去对他有恩情，现在只要亲自恳求他，就可以摆脱这次危难。”

曹操听了程昱的话，即纵马向前，欠身对关羽说：“将军别来无恙！”

关羽也欠身答道：“我奉军师命令，已经等候丞相很久了。”

曹操说：“我曹操兵败势危，到此无路，希望将军看在以往情义的分上网开一面。”

关羽说：“过去丞相确实对我恩重如山，但是我已经斩颜良、杀文丑，替你解了白马之围，都报答过了。今天这件事情，我怎敢因为私人之情而忘记公事！”

曹操说：“你过五关斩六将的事情，不会忘记吧？大丈夫以信义为重。将军熟读《春秋》，你不会不知道顾念旧恩，不负心忘本的道理吧？”

关羽是个义重如山的人，想起曹操当年的许多恩情，与后来过五关斩六将之事，如何下得去手？又看见曹军惶惶，都要掉泪，心中不忍。于是把马头勒回，对手下说：“四散摆开。”这分明是放曹操的意思。

曹操见关羽回马，便和众将一齐冲过去。关羽回身看的时候，曹操已经与众将过去了。

关羽大喝一声，曹操的部将都下了马，哭拜在地上，关羽更不忍心处置他们，正犹豫时，张辽骑马来到。关羽见了张辽，又动了旧日之情，长叹一声，也放过去了。

关 羽

关羽心里清楚，放走了曹操对他将意味着什么，按照事先跟诸葛亮签订的军令状，回去肯定要被斩首。

按道理这样的大事应该由刘备来处理，然而刘备自从请来了诸葛亮，就马上躲到了幕后，这是明智的表现，因为刘备知道自己长期以来都扮演着一个仁德宽厚的领导者角色，以至于主从关系很不明晰，尤其是对于关羽、张飞这样的结拜兄弟，他们可以擅自做主，不听号令，这是由于他们知道即便如此，刘备顶多是责备几句，根本不会处死他们。

刘备考虑到这样的因素，略施小计，就将这种生杀予夺的大权转移了一部分出去，表面上是签订军令状的形式。实际上，这是刘备刻意安排的，诸葛亮只有得到刘备的默许，他才敢大胆地管束诸如关羽、张飞这样的大将。那么刘备这样做的最终目的是什么呢？后来事情的发展说明了这点，就是诸葛亮唱红脸，刘备唱白脸。

诸葛亮正与刘备相互祝贺，忽然报告关羽来到。诸葛亮急忙离开，拿着酒杯迎接："很高兴将军建立了如此盖世的功劳，替全天下的老百姓除了曹操这个大害，所以我要衷心祝贺！"

关羽听到诸葛亮的话后一声不吭。

诸葛亮又故意说："关将军莫非因为我们没有远迎，所以不高兴？"

诸葛亮又回顾左右说："你们为什么不先来报告关羽将军已经回来了！"

关羽这才开了口："关某是特地来请军师处死我的。"

诸葛亮问："难道曹操不曾从华容道经过？"

关羽答："是从那里来的，关某无能，被他走脱。"

诸葛亮又问："曹操走脱了，那抓住了他什么将士没有？"

关羽说："一个也没有抓到。"

诸葛亮说："这是你想着曹操往日的恩情，故意放了曹操。但是既然将军已经签过军令状，就不能不按军法从事。"

诸葛亮命令武士推出关羽斩首。

刘备见诸葛亮要斩关羽，急忙说："过去我们三人结义时，发誓说不能同年同月同日生，但求同年同月同日死。今天关羽虽然触犯了军法，我实在不忍心违背以前的盟约。希望军师暂且记住关羽的这次罪过，给关羽将功赎罪的机会。"

其实，这都是在演戏，诸葛亮也做了个顺水人情，饶了关羽。

刘备这场戏是演给所有的部将看的，他就是利用这样的机会告诉全体将士，以后都要老老实实听从军师的号令，不听号令的，一律处死，连关羽、张飞这样的贴身将领，我刘备也一视同仁。这样的震慑力是强烈的，其中关键的一点就是刘备将原来由自己亲自处置将领违纪改成由军师诸葛亮来处置，这是刘备经过了深思熟虑的，他认为只要保持对诸葛亮的绝对控制力，就能够保证对全军的控制，事实就是如此，诸葛亮忠实地按照刘备的战略意图，严格约束各级将领，这就确保了刘备的部队在日后的对外战争和争夺地盘时不再是一群乌合之众，刘备的个人威信通过军师等一些谋臣的努力达到了最大化。

赵云加入刘备集团是个偶然，但刘备充分借助赵云开始施行新一轮的制衡行动，刘备对赵云喜形于色的表现，实际上把竞争机制引入到了他的集团中间，加强了对所有将领的牵制。

刘备对于关羽、张飞一直是比较信任的，以至于他们二人的权力有失去控制的可能，刘备为防患于未然，他借助外人的力量以分散关羽的权力，关平是个很好的助手，刘备将其安排在了关羽的身边。刘备还努力寻求一个可以制衡关、张二人的将领，赵云便在此时登场了。

刘备、孙乾和简雍辞了袁绍，上马出城，来到关定庄上。关平见到刘备，拉着刘备的手啼哭不止。关定领二子拜于草堂前，关定说：“我想让次子关平跟随关将军，不知道你们愿意接纳吗?”刘备问：“十几岁啦?”关定答：“十八岁。”刘备说：“承蒙您的厚意，我弟还没有孩子，现在就以您的孩子作为他的孩子，怎么样?”关定大喜，便要关平拜关羽为父，称呼刘备为伯父。

刘备恐怕袁绍追过来，急忙收拾行李起身。关平随着关羽，一齐起身。关定送了一程就回去了。

关羽决定取道卧牛山回去，正走着，忽然看见周仓带着数十人带伤而来。关羽带领周仓见了刘备。问他为何受伤，周仓说：“我还没到卧牛山之前，先有一位将军单骑而来，与裴元绍交锋，只一个回合，就把裴元绍刺死，剩下的人马均被此将招降，占住山寨。我心中不服，与那将交锋，被他连胜数次，身中三枪。”

刘备问：“这个人长得是什么模样？姓甚名谁？”周仓说：“极其雄壮，不知姓名。”于是关羽纵马当先，刘备在后，直奔卧牛山。

周仓在山下叫骂，只见那将引众下山，刘备看见那位将军后就挥鞭出马大叫：“来的人是不是子龙将军啊？”那将见了刘备，滚鞍下马，拜伏道旁。

原来果真是赵子龙，刘备、关羽都下马相见，刘备问他为什么到这里，赵云说：“我自从和你们分手后，不想公孙瓒不听别人的劝告，以致兵败自焚。袁绍屡次招降我，我想袁绍也不是用人之人。因此来这里，再去徐州投靠皇叔。又听说徐州失守，关羽已经归降曹操，皇叔又在袁绍处。我几番想来投，只是担心袁绍怪罪我，我四海飘零，无容身之地。最近听说翼德在古城，想投靠他，今天幸亏遇到了皇叔！”

刘备高兴地说：“我第一次看见子龙，便有留恋不舍之情。今天得以相遇，真是天意！”赵云说：“我奔走四方，择主而事，从来没有遇到超过皇叔的，今天能够相随，大称平生，即使肝脑涂地，也没有什么遗憾了！”赵云当日就烧了山寨，率领大众，随刘备赶赴古城。

张飞和糜竺、糜芳迎接刘备、关羽、赵云等入城，互相诉说离别之事。二位夫人谈了关羽之事，刘备感叹不已；于是杀牛宰马，先拜谢天地，然后慰劳诸军。

其实刘备重用赵云有着许多原因，而他的一番慷慨之词，是说给关羽、张飞听的，就是要告诉他们，你们不要以为我刘备没有大将，现在我有了一个赵云，如果你们不服从我的领导，我就会把你们的权力转移到赵云的身上去。另外刘备对赵云的态度忽冷忽热，让赵云摸不着头脑，只好加倍努力，以改变刘备对自己的态度，刘备就是这样牢牢地控制了他们。

刘备在青州因军功升至平原相，关羽、张飞为别部司马，分辖军队，而赵云未见升赏。公元 198 年，曹操表荐刘备为左将军，关羽、张飞为中郎将，而亦未有赵云。后来曹操派刘备到徐州讨伐僭号的袁术，冀州牧董昭劝阻曹操委派刘备，也只说刘备勇猛而且志气远大，关羽、张飞是他的羽翼，不曾提起赵云，可见赵云不为时人所重。按说此时刘备南征北战，戎马倥偬，赵云不可能没有机会立功受赏，那么唯一的解释就是赵云担任的主骑一职，不是从事冲锋陷阵，而是作为刘备的侍卫长，保护刘备的安全。

公元 208 年，曹操平定了盘踞冀、青、幽、并四州的袁氏父子，自为丞相，南征荆州。刘备仓皇南撤，被曹操骑兵追上，不得不丢弃妻子儿女逃跑。赵云保护刘备身边唯一的儿子刘禅及其母甘氏，得以免难。刘备在平定荆州江南诸郡以后，封拜元勋，提拔赵云为牙门将军，赵云第一次拥有了自己统率的军队。

公元 211 年，刘备受益州牧刘璋邀请入蜀，讨伐割据汉中的张鲁。以军师中郎将诸葛亮，襄阳太守、荡寇将军关羽留镇荆州，赵云则被划归到诸葛亮的麾下，受其节制。第二年，刘备南攻刘璋，召诸葛亮和南郡太守、征虏将军张飞入蜀，参与平定益州。由于诸葛亮从未指挥过作战，因此从鱼复到江州都是由张飞指挥。从张飞对巴郡太守严颜的处置上看，可知其并不受制于诸葛亮，二者地位略等。平定江州以后，张飞与诸葛亮分定各郡，张飞从江州溯嘉陵江北上，攻克垫江，再从这里溯涪江而西攻克德阳，最后在成都与刘备会合。诸葛亮、赵云从江州溯长江而西攻克江阳，诸葛亮继续西溯长江平定 诚道、南安、武阳，而分遣赵云从江阳北上平定汉安、资中、牛鞞，在成都归还到诸葛亮的建制。益州平定以后，诸葛亮晋升为军师将军，署理左将军府事，负责处理政事。赵云晋升为翊军将军，不再受诸葛亮节制。

激将法是刘备用来制衡部将的另一种有效方法，因为当着某一位将领的面赞扬另一位将领，自然就会给他压力，攀比立功的心理有助于刘备驾驭部下，他们可以相互攀比，希望主公能够把最艰难的任务交给自己，这是平衡权力最好的时候，刘备往往利用此时给予不同的将领征战的机会，避免了长期重用某一位将领而助长他居功自傲的心理。

刘备到达武陵安民后，写书给关羽，说张飞和赵云各得一郡。关羽回信说："长沙还没有拿下，如果兄长不嫌弃弟没有才干，把这件事交给我完成。"刘备大喜，便命令张飞星夜去荆州，换下关羽来取长沙。

关羽来到后，诸葛亮说："子龙拿下桂阳，翼德拿下武陵，都是带三千人马。今长沙太守韩玄，虽不足道，但他手下有一员大将姓黄，名忠，字汉升，虽今年近六十岁，却有万夫不当之勇，不可轻敌，关羽去必须多带些军马。"关羽却说："军师为何长别人锐气，灭自己的威风？谅一老卒，根本不值得一提！我不用带三千军，只带本部五百军去，一定砍了黄忠、韩玄之头颅，献给大哥和军师。"

刘备进入绵竹，商议分兵取成都。忽然有人来报告：孟达、霍峻守葭萌关，现在被马超、杨柏、马岱领兵攻打，特别急迫，请求派兵援救。刘备说："子龙率领军队在外还没有回来，只有翼德在这里，可以赶快派过去。"诸葛亮说："主公不要多说，让我来激他。"

张飞听说马超攻葭萌关，大叫而入："我与哥哥告别，便去迎战马超。"诸葛亮装作没听见，与刘备说："今天马超来进犯，无人可敌，除非去荆州把关羽叫来，才可与敌。"张飞说："军师也太小看人了。我曾独拒曹操百万之兵，难道还怕马超一匹夫！"诸葛亮说："翼德拒水断桥，这是因为曹操不知虚实，如果知道虚实，将军怎么能够没有事情呢？现在马超的勇猛，天下人都知道，渭桥大战，杀得曹操割须弃袍，几乎丧命，不是等闲之辈，关羽去也未必能胜。"

张飞被激怒了，说："我如果不胜马超，甘当军令！"诸葛亮说："既然肯立军令状，便为先锋，请主公亲自去一遭，我守绵竹。等子龙返回，再作商量。"

张飞从刘备这里得到了迎战马超的权力，十分高兴，因为他的价值可以在迎战马超的时候体现出来。

很多将领不用激将的方法，他们不会卖命为自己冲锋陷阵。刘备收降马超后，很希望他替自己排忧解难，然而一般刚刚投降的猛将，对新的主人不是很熟悉，更何况新主人的手下到底有多少能干的将领，也不清楚，贸然站出来容易成为众矢之的。

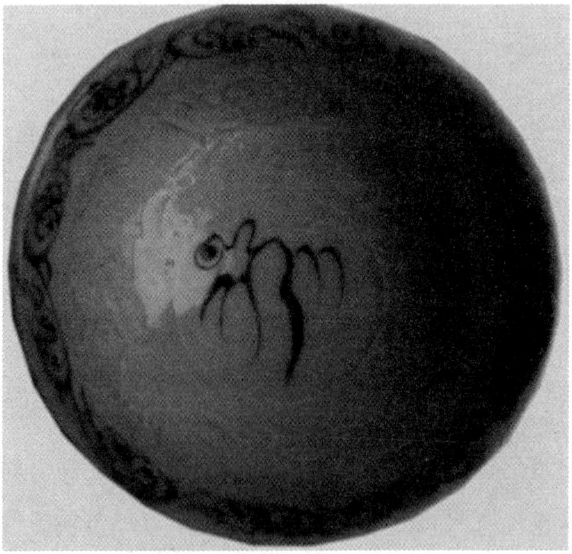

刘备十分了解他们的心理，他又不愿意勉

强别人去做事，于是想到了激将的方法，既让这些人热血澎湃，主动请战，又借此机会牵制其他的将领，使双方形成对比，互相监督。出于这样的考虑，刘备借黄忠、赵云的战绩来刺激马超，让他觉得自己刚刚投靠刘备，应该有所成绩，才能站稳脚跟，同时也显示他不同于刘备原有将领之处，以奠定自己在刘备众将领中的领先地位。所以马超听完刘备的话后，主动请求去逼迫刘璋投降。

黄忠、赵云进入绵竹，探马报蜀将刘晙、马汉引军到。赵云说："我愿割此二人头来。"刘备和马超正在吃酒，宴席未散，赵云已斩二将头来。马超亦惊，倍加敬重。

马超说："不用主公厮杀，我愿去唤刘璋出来投降。他如不肯降，我和弟马岱取成都，双手献于主公。"刘备大喜。

马超遂带兵至成都城下，刘璋在城上问之。马超说："我本领兵来救益州，谁知张鲁听信杨松谗言，反欲害我。我已归降刘皇叔，公可纳土拜降，免致生灵受苦。如执迷不悟，我先攻城了！"刘璋还在犹豫之时，谯周说："我夜观乾象，见群星聚于蜀郡；其大星光如皓月，乃帝王之象也。况且一年之前，有一童谣'若要吃新饭，须待先主来。'此乃预兆，不可逆天道。"刘璋终于同意投降，可见，刘备激将法发挥了巨大的作用。

刘备手下的将领非常有斗志，那是刘备激将法的作用，刘备以此来让这些部将紧紧地围绕他的指挥棒转。利用称赞马超，引起张飞的战斗欲望，可以有力地打击敌人和控制手下的猛将。刘备表扬张飞、赵云，惹动了马超建功的情绪，刘备为此大丰收，既臣服了马超这样的猛将，又夺取了益州，还使他的旧将和新将相互之间制衡。

刘备为人有时候确实过于阴险，他满口的仁义道德，不过都是围绕他的权力服务的，在实际运作过程中，他是表面一套，背后一套，让人防不胜防，张裕就是这样死于非命的。

刘备与刘璋在涪城会面时，张裕为刘璋的从事，当时也在刘璋身旁。

张裕的胡须是卷曲的，于是刘备就嘲笑他说：“想当年我住在涿县的时候，姓毛的人特别多，城中到处都是姓毛的，当时的县令就说：‘很多毛绕着涿县！’”

张裕听了就说：“以前有担任上党潞长的人，后被改派为涿县县令。当他辞官回家之后，当时的人写信给他：想要称呼你是潞长就会没有提到涿县县令；想要称呼你是涿县县令的话，又会没有提到潞长。那么干脆就称呼你是‘潞涿君’好了（潞涿在当时的谐音表示光溜溜、没有胡子的意思）。”

刘备正好没有胡子，所以张裕就用这个故事来讽刺刘备，刘备因而很不高兴！再加上张裕曾预言刘备最终会失败，因此刘备找个罪名将他定罪，准备要杀掉他。诸葛亮就问刘备：“张裕犯了什么罪，为什么要杀头！”

刘备回答诸葛亮说：“一株花刚好长在门口，不得不除掉它，免得挡路！”

张裕因而被杀。之后刘备伐吴失败，正好应验了张裕的预言。

如果因为这样几句话而丧命的话，那太不值得了！

刘备就是这样的人，没有人能够揣摩到他的心理，也不知道他是如何运用权力去驾驭部下的，因为刘备给人的表面印象是大度、礼贤下士，且不斤斤计较部下的小过失，谁也不会想到区区几句玩笑话也会惹怒刘备。

刘备动怒不会溢于言表，这是他的过人之处，所以大家都不知道他是不是真的在意别人对他的冒犯，这就给刘备平添了几分神秘，也许只有那些被刘备找借口杀了的人，如张裕在进入阴间的时候才明白其实刘备是一个很诡诈的当权者，不过为时已晚。

都说刘备仁义宽厚，但刘备并不愚笨，而是颇有心计的。在东汉末年战乱频仍、人欲横流、尔虞我诈、弱肉强食的年代里，单纯地讲宽厚是不行的，必须要有相应的机智和敏捷才能实现匡扶汉室的宏愿，对此刘备是有充分认识的。刘备具有机谋权变的本领，这为他壮大自己的实力提供了可靠的保证。

第六章 经营益州

第一节 益州是块肥肉

益州的辖境，主要是现在的四川省，还包括云南、贵州、甘肃及陕西等省的一部分地区。四川号称“天府之国”，地域辽阔，人口众多，物产丰富。当时的统治者是汉室宗亲刘璋，是一个昏庸而又懦弱的家伙，他把益州弄得混乱不堪，民怨鼎沸，而手下官员中，也有人与之离心离德，法正与张松就是这样的人。

益州是块肥肉，孙权想得到，曹操也想得到，而对于刘备集团来说，“跨有荆、益”更是迫在眉睫的事情。因为只有把益州占领了，建立起巩固的根据地，才能真正形成三足鼎立的局面，从而实现“恢复汉室”的最终目标。因此，刘备占据荆州不是他的终极目的，他旋即把目光投向益州。

对于益州的情况，刘备知道得不是太多，如何夺取，让刘备颇费脑筋。经过一段时间的酝酿，刘备认为只有依靠益州内部的力量，才可以完整地占领益州，这就需要刘备长期积累的“仁者”风范来感化张松，由此感化益州士民的心，夺权的同时不忘夺心，因为这对于占领益州后的管理也是十分有效的。

此时的刘璋也正愁眉不展，因为汉中的张鲁一直垂涎益州，屡次派兵骚扰，而刘璋统治下的益州却没有抵抗的能力，就在刘璋无计可施的时候，张松站出来说：“听说曹操扫荡中原，吕布、二袁都被他消灭了，最近又攻破马超，天下无敌。主公可准备一些进贡之物，我带上亲自前往许昌，说服曹操，请求他兴兵攻取汉中，这样张鲁就会自顾不暇，又怎么敢夺益州呢?”刘璋采纳了张松的建议，准备好进献的物品，派遣张松作为使节，前去许昌拜见曹操。

张松外表十分丑陋，身高不到五尺，但是他十分机灵。他离开益州时，偷偷画了一张西川地图，藏在身上，带从人数骑，选取道路赶往许都。

这件事情早有人报到荆州，诸葛亮派人去许昌打探张松的消息。刘备与诸葛亮商议后，认为这是争取益州士人的最好机会，只要博得张松的好感，就可以打开通往益州的大门，为此刘备专门制订了盛情迎接和款待张松的计划。

张　松

张松到了许昌先找了个馆驿住下，每日去丞相府求见曹操。曹操就是不见。原来曹操自打败马超后，傲气十足，每日饮宴，无事少出，很难见到。张松一连等了三天，才有人通报给曹操，曹操这才决定见见张松。张松先给曹操左右送了礼，然后才进入曹操的住地。曹操坐在堂上，趾高气扬，首先发问："你主刘璋连年不进贡，是什么原因啊？"张松说："因为路途艰难，贼寇窃发，不能送来。"曹操说："我扫清中原，哪里还有盗贼呀？"张松说："南边有孙权，北边有张鲁，西边有刘备，怎能说已扫平了呢？"

曹操见张松是个小个子，外表也不端正，便对他产生了厌恶感，又见他说话冲撞，曹操便拂袖而起，转入后堂。

杨修是曹操门下掌库的主簿。见张松对丞相不敬，便把曹操撰写的《孟德新书》拿给张松看。张松从头至尾看了一遍，共13篇，全是用兵之法。看完，张松对杨修说："这本书我西川三尺高的小孩，都能背诵，怎么能够称为'新书'呢？这是战国时无名氏所作，曹丞相剽窃人家的，只能欺瞒你们这种人。"杨修说，这是曹丞相所写的，又未传世，我不相信西川小孩子都会背诵。张松说，不信，我可以背给你听。便从头至尾，把曹操的书背了一遍，一字不差。杨修大惊："您有过目不忘的智慧，真天下奇才啊！"

杨修将此事告诉了曹操，请求丞相留下此人。曹操说："明天我到西校场检阅士兵，可让他来看看，叫他回西川后传话给刘璋，说我下了江南后，就去攻取西川。"

第二天，杨修陪张松来到西校场。张松看见5万大军，果然军容严整，金鼓震天，戈矛耀日。张松斜着眼睛看着这些军队，十分轻视的样子。曹操得意地问张松："你在西川见过如此勇猛的队伍吗？"张松说："我们蜀中不需要这样的军队，而是以仁义治理民众。”曹操听到张松话中有话，脸色马上变了，但是张松一点儿不怕。

曹操又说：“我把天下像刘璋这样的人看作草芥，大军到处，攻无不克，战无不胜，顺我者昌，逆我者亡，你知道吗？”张松则说：“丞相率领军队到各处，战必胜，攻必取，我也早就知道。以前曹公在濮阳攻吕布，宛城迎战张绣，赤壁遭遇周瑜，华容道面对关羽，割须弃袍于潼关，夺船避箭于渭水，这些难道都是无敌于天下吗？”曹操听后大怒：“你这个小子怎么敢揭我的短处？”厉声下令把张松推出去斩首，在杨修的苦苦哀求之下，曹操才赦免了张松的死罪，下令用乱棒将张松打出。

曹操没有想到张松此行的目的对于他的重要性，他对张松的态度，实际上是对益州所有士民的态度，张松一旦回到益州，广为宣传，曹操要再想夺取益州，将会遇到来自多方的压力，可见曹操在对待张松的问题上显然不理智。相反刘备则不然，也许是他本身实力不济，故而没有了炫耀的资本，但是就刘备对张松的态度而言，却是值得认真揣摩的，他真诚地对待张松，这无疑是用行动宣扬了自己的美德，从而为夺取益州奠定了舆论基础。

张松连夜出城，收拾回川。他想：“我本来想把西川献给曹操，没想到他如此侮辱我。我来之前在刘璋面前夸下海口，现在如果空手回去，蜀中人必然耻笑我。早就听说荆州刘备宽厚待人，不如去找他，看看此人态度如何，我再作主张。”

这时，刘备已经在紧锣密鼓地准备迎接张松的事宜，因为他们得到报告说曹操对张松十分不敬，口气十分傲慢，估计张松心情不太好，刘备认为只有给予张松高规格的接待，才能促使张松转到自己这方来，经过周密部署，刘备确信可以让张松在荆州满足他的虚荣心。

过了几天，张松来到郢州地界，刘备派赵子龙远迎，礼仪十分周到。张松想："人们都说刘备宽仁好客，果然如此。"

张松在赵子龙的陪同下走到荆州地界，刘备又派关羽远迎。两员闻名天下的大将陪张松饮酒歇息。

第二天早饭后，上马行了不到三五里，刘备带着卧龙、凤雏亲自来迎。遥见张松，早下马等候。张松慌忙下马相见。刘备说："很早就听说过大夫的名字，如雷贯耳。只恨路途遥远，不能亲自前去聆听先生的教诲。最近听说您要回成都，专门在此迎接。如果您不嫌弃，就请随我到荆州休息几天，以表达我的仰慕之情，那就是我的荣幸了！"张松特别高兴，几天来的郁闷被刘备这几句谦虚的话语感动了，于是他毫不犹豫地上马跟随刘备来到荆州。

到了荆州，刘备只是设宴款待，并不提西川之事。就这样一连三日，刘备对张松热情相待，说些闲话，只字不提西川。张松走时，刘备在十里长亭设宴送行，说："今天分别，不知道什么时候才能够再听先生的教诲了。"说完还流下了眼泪，张松被感动了，他说："我观察荆州这个地方，东面有孙权，经常虎视眈眈；北面有曹操，每天都在想着鲸吞这里。看来荆州不是可以久留的地方。"刘备说："这我知道，但没有合适的安身之所。"

张松说："益州地势险要，易守难攻，沃野千里，民殷国富，智能之士，早就仰慕皇叔的仁德。皇叔如果能征发荆襄的兵士，长驱向西夺取益州，那么霸业可以成就，汉室也可以复兴呀。"刘备说："我怎么敢这样做呢！刘璋也是汉室宗亲，恩泽布于蜀中。他人又怎么能够动摇呢？"张松说："我可不是卖主求荣，刘璋虽然有益州之地，但他秉性暗弱，不能任贤用能，加之张鲁在北，时常有侵犯之意，人心不齐，思得明主。我这次本意是献城给曹操，没想到曹操态度十分傲慢，故来投奔皇叔。明公可先取西川为基地，然后取汉中，收取中原，匡扶汉室，名重青史。明公如果有取西川的意思，我愿意效犬马之劳，作为你们的内应，不知您的意思怎么样?”

刘备说：“深切感受到了您的厚意，刘璋与我是同宗兄弟，如果进攻他，我怕天下人唾骂。”张松说：“大丈夫处世，应该建功立业。现在如果不夺取，一定会被他人所夺，那时你就会悔之晚矣。”

刘备说：“我听说蜀道崎岖，千山万水。要夺取它，采用什么好的计策呢?”这时张松从袖中取出一幅图，递给刘备说：“我感谢明公盛德，愿意奉献此地图。看了此地图，便知蜀中道路了。”刘备认真看了看，图上标明地理行程，远近阔狭，山川险要，府库粮钱，一清二楚。

张松又说：“明公可要快点行动，我有心腹二人：法正、孟达。这二人一定能够帮助你。如果二人到荆州时，可以放心与他们商议夺取益州的事情。”

刘备拱手说：“青山不老，绿水长流。他日大事成功，一定给你丰厚的报酬。”张松辞别，诸葛亮派关羽等护送数十里才回来。

刘备知道张松即使愿意跟随他进入荆州，也不会轻易提出让刘备前往西川的事情，刘备决定采取层层推进的步骤，先是高规格款待张松，使张松刚刚在曹操那里失去的自尊很快又在他这里找回来。至于刘备始终不提西川的事情，自然有他的考虑，刘备是想等张松准备离开的时候，不动声色地引诱张松主动提出这个问题，在交谈的过程中，刘备再次使用了他的痛哭伎俩，这种先入为主的感情战术，刘备屡次使用，都收到了预期的效果，这次也不例外，张松果然被感动了，经过刘备一番引导性的话语，张松终于放弃了一切戒心，奉献出了进入西川的地图，这是刘备计谋的一部分，他深知光靠地图是不起作用的，于是根据他们预先的部署，刘备进一步感化张松，促使张松提出自己可以作为内应，还贡献出了自己的朋友法正、孟达，刘备这才松了一口气，夺取益州的准备工作基本告一段落，接下来要看张松回到益州后的活动是否顺利，如果顺利的话，刘备攻取益州就不用费太大的劲了。刘备的手段的确高明，他可以在你不经意间瓦解你的防范之心，进而得到他想要的东西，而你却毫发无损，乃至于主动做他的帮凶。

张松回到益州，先去见了挚友法正、孟达，对他们说："曹操轻贤傲士，只能同忧，不能同乐。我已经将益州献给刘皇叔了。"三人不谋而合。

第二天，张松觐见刘璋，说："曹操乃是汉贼，想要篡夺天下，已经有夺取西川的意思。我有一个计策，可让张鲁、曹操不敢轻易来夺取西川。"刘璋问是什么计策？张松说："荆州刘皇叔，与主公同宗，仁慈宽厚，有长者风度。赤壁大战之后，曹操一听到刘备的名字便害怕，又何况张鲁呢？主公为什么不派人去与刘备结好，作为外援，可以抗拒曹操和张鲁啊。"刘璋说："我也有这个想法，那么派谁去最好呢？"张松

孟　达

说："可以派法正、孟达去。"刘璋于是马上写了一封信给刘备，派法正为使者先去荆州，又派孟达率领精兵五千，迎刘备入川。

刘备的热情没有白费，张松言而有信，他一回到益州就召集了他的死党，面授机宜，接着他给刘璋施加压力，怂恿刘璋与刘备联络，开始他初步的计划。刘璋作为益州的统治者，居然一点儿也没发现张松的意图，对于张松的建议均不假思索地表示赞同，这也是张松预料之中的。在张松的积极活动下，刘备得到了法正、孟达的帮助，逐渐了解了益州的各种情况，就等从刘璋手中夺取益州大权了，这是刘备这个"仁者"的主要目的。

刘璋要寻找可以帮助自己的同盟者，但不得觊觎他的领地，这样的条件肯定是苛刻了一点，即便是这样，还是有人愿意接受这样的任务，他就是张松，结果被曹操一顿羞辱，灰溜溜地跑了。刘备的计谋就是根据这样的形势而制定的，他充分利用了他的仁义宽厚，为了笼络住张松，笼络住益州的民心，刘备这次淋漓尽致地发挥了他的这项特长。曹操赶走张松，使得他为无法完成告别刘璋时夸下的海口而沮丧，刘备在张松最低迷的时候出现并且表现出对他不同寻常的好感，张松自然把刘备当作救命稻草，刘备顺水推舟，一脸的仁义，一脸的同情，就是为了感动张松。受人滴水之恩，当涌泉相报，张松给了刘备最想要的西川地图和人员支持，刘备此计付出极小，受益极大。

第二节 先礼后兵

刘备仁厚的形象在夺取益州的时候起到了重要的作用。他装出一副谦谦君子的样子，让益州的所有人都上当了，甚至刘璋亲自引狼入室。在立足未稳的时候，刘备坚持彬彬有礼地与益州士民礼尚往来。当确信自己已经有足够的力量夺取益州时，他便与刘璋兵戎相见，凭借自己的实力逼降了刘璋，完成了自己苦心谋略的“先礼后兵”计划。

根据“隆中对”的战略部署，刘备必须夺取益州作为自己的根据地，可是此时的益州还掌握在刘璋的手中。刘备一直打着“汉室宗亲”的招牌，而刘璋也是汉室宗亲，如果自己兴兵进攻，就会给自己仁德宽厚的名声上抹黑，既然最初不能武力夺取，那就只好寻找机会用智谋夺取，刘备选取了“先礼后兵”的战略决策，他利用刘璋身边的人，极力怂恿刘璋接纳自己这个“汉室宗亲”进入益州，好在此时，张鲁帮了刘备的忙，他进攻刘璋，刘备夺取益州的谋略由此展开。

公元211年，正当刘备与诸葛亮及庞统等一起商议收川之计时，益州牧刘璋派法正到荆州迎接刘备入蜀。对于刘备来说，这是从天而降的好消息，但事情又何以会这么凑巧呢？这还得从曹操下江陵时说起。

曹操打荆州时，刘璋想归附曹操，派遣别驾张松至荆州结好曹操。张松本想投靠曹操，不料曹操对他很不重视、不加礼遇，这使张松很恼火。

张松回益州之前，又去见刘备，刘备对他热情备至，待为上宾。回益州后，张松就在刘璋面前“疵毁”曹操，并劝其与曹操断绝往来而交好刘备，张松关于“刘豫州和你是同宗兄弟，可以成为你的心腹”的话，对刘璋很是中听，因而采纳其意见，派法正去荆州与刘备通好。

张松和法正秘密谋划，一心想找机会接应刘备入主益州。公元211年，刘璋得知曹操准备对占据汉中的张鲁发动进攻，十分害怕。张松、法正认为时机已到，就对刘璋说：“曹操军队强大，如果他们征服张鲁，再利用汉中的资财，攻打益州，谁能抵挡呢？刘备是汉朝的宗室，又是曹操的仇敌，他善于用兵，如果让他来讨伐张鲁，一定会打败张鲁；张鲁一败，益州就强大了，即使曹操前来，也不用害怕了。现在州中诸将庞羲、李异等人恃功骄横，想依附外来势力谋取权位。如果敌人从外面进攻，而这些人在内部作乱，那益州就危险了。”

听了他们的话，刘璋欣然同意，就派法正带领4000人马到荆州迎请刘备入川，并前后赠给刘备以“巨亿”的资财作为兵饷。法正至荆州，向刘备“陈益州可取之策”，并献上标示蜀中“山川处所”的详细地图，使刘备等“尽知益州虚实”。于是，刘备决定进取益州，他留下诸葛亮、关羽驻守荆州，自己带领数万人，由水道入蜀。

这样，在张松等人的策划下，刘备以帮助刘璋抵抗张鲁为借口名正言顺地率领军队前往益州，刘备夺取益州的第一步计划成功。刘备沿长江、嘉陵江到达涪城，刘璋下令各处迎送供奉，自己亲率步骑三万多人，赶赴三百多里地，与刘备相会。

涪城相会，张松让法正转告刘备，于相会之时趁机袭杀刘璋，借机谋取益州。刘备犹豫再三，不能决断。庞统也进言，他说：“荆州荒芜残败，人物流失殆尽，且东有孙权，北有曹操，难以有大的发展。益州户口百

庞　统

万，土地肥沃，物产丰饶，如果真能夺取此地，以为根基，当可成就大业。”庞统还说：“如今正当乱离之际，凡事不能墨守成规，要随机应变才好。况且吞并弱小，攻击暗昧，逆取顺守，报之以义，正是古人所重视的。只要事定之后，封还他一块土地，还有谁能说您有负信义呢？不趁现在攻取益州，到时就会被别人占了先机。”

刘备回答说：“如今与我截然不同的是曹操，曹操峻急，我便宽厚；曹操暴虐，我便仁慈；曹操狡诈，我便忠诚。凡事与他相反，就有可能得民心、有成就。如今为得益州，失信于天下，能行吗？”

刘备不利用相会之机击杀刘璋，这固然反映了他的仁厚之处，但如果从长远看，刚一入川就仓促地毒杀“同宗兄弟”，也还是弊大于利的。

诚然，依张松、庞统等的计策，杀掉刘璋，益州就会群龙无首，刘备就可以取而代之当上益州牧。但是，刘备果真就能安心地坐镇益州了吗？事情并不那么简单。

刘璋虽然昏庸无能，但手下还有一班矢志效忠于他的“忠义”之士。比如益州主簿黄权、从事王累等，对于刘备入川就忧心忡忡，曾经谏阻过刘璋。特别是王累，更是力阻此事，甚至“自刎州门，以明不可”。而巴郡太守严颜也对刘备入川痛心疾首，认为刘璋是“独坐穷山，放虎自卫!”再则，像蜀中名将张任等，都是手握重兵、宁死“不事二主”的热血男儿。可以想象得到，刘备一入川，脚跟未稳，恩义未施，地形地势未谙悉，就大开杀戒，这不仅会令蜀中百姓寒心，也会使刘璋手下的那些官员们对刘备“忠厚仁爱”的品格持另一种看法，甚至会采取与之不合作的态度。而那些镇守各关隘的将领也必然会拥兵与之进行对抗。这对于收川这一策略的实施，肯定很不利，或者说是起着破坏的作用。因此，这种野蛮的、毫无理由的虐杀行为所带来的后果是不堪设想的。

刘备没有听从法正、庞统的计策，而是采取先树立恩信、站稳脚跟、伺机动手的办法，显示出刘备远大的战略眼光。刘备能够较为顺利地从刘璋手中夺得益州，日后并能把益州治理得井井有条，使其成为巩固的根据地，与他树立恩信、收买人心的做法是紧密地联系在一起的。

刘备和刘璋在涪城饮酒宴乐，足足有三个多月。刘璋给刘备的军队补充了很多的物资，请他向北去讨伐张鲁。还把杨怀、高沛统领的白水关驻军交给他指挥。

刘备到达葭萌，就停了下来，做起他“厚树恩德，以收众心”的工作来了。这一住，就是一年。这一年时间，从战略的意义上看，是很有必要的。

第一，除了收买人心，巩固在葭萌的势力外，在这一年的时间里，刘备得到了刘璋的大批给养物资，为他后来出兵收川打下了物质基础。

第二，在这一年中，刘备逐一摸清了刘璋在川中布军设防以及各地方形势的虚实，搜集了在后来的收川诸战役中有价值的军事情报。

第三，一年时间的按兵不动，会使得刘璋按捺不住而做出“有亏”刘备的事情来，因而为刘备日后的出兵找寻到一个“名正言顺”的借口。

果不其然，刘璋见刘备并无出兵攻伐张鲁之意，又接到杨怀、高沛建议及早将刘备遣还荆州的书信，心中又是生气又是着急；当刘备借口曹操要进攻荆州，写信向他借1万兵马和粮草物资回师自救时，刘璋很不情愿地只借给4000兵马和一半的粮草物资。这件事给了刘备一个很大的借口，他趁机煽动部下说："我为了益州而不辞劳苦地来征讨强敌，将士们非常辛劳，刘璋却这样吝啬，要点人马、军资都不给，怎么让我们甘心为他死战呢?"

刘备向刘璋要钱、要兵是计谋，他明知刘璋不会给他，因为刘璋一直提防他，刘备入川以来不仅没有帮助刘璋击退张鲁，反而屡次要兵，这不能不引起刘璋的疑虑，虽然此次刘备是借兵救荆州，谁敢保证他刘备不会借此机会攻击自己。可是刘璋又不想做得太绝情，毕竟刘备是自己的同宗，最主要的是，刘备手上还有这么多的兵，且离自己的成都不远，万一因此而兴兵，自己肯定十分危险，正是基于这样的考虑，刘璋才不得不拿出4000兵马和2000人的粮草给刘备，这本来已经仁至义尽了，可刘璋怎么也没有想到，刘备借兵和借粮仅仅是个出兵的借口，刘备早就摸透了刘璋的心理，他就等着刘璋的拒绝，可是刘璋没有完全拒绝，而是送来了一些士兵和粮草，这实际上将了刘备一军，然而刘备不愧老手，他硬是从这件事情上找到了借口，就是刘璋全然不顾自己的辛苦而吝啬他的兵士和钱粮，他这样说的目的很明显，是告诉天下人：我刘备派兵来解除刘璋的危难，没有想到要杀害你而夺你的地盘，可是够仁义了吧！可你刘璋却恩将仇报，向你借点兵和粮，你都这么吝啬，看来你不是什么贤明的主人，既然你不仁，那就休怪我不义。很显然，刘备轻易地就把挑起战争的罪名强加到了刘璋的头上。

在葭萌关，庞统曾就战略问题向刘备献上三条密计："暗地里选好精兵，日夜兼程，直接袭击成都，刘璋既不修武备，又一直没有防备，大军突袭，一下就可以平定益州，这是上计。杨怀、高沛，是刘璋的名将，各自倚仗手中有强大的兵力，据守关卡，听说他们曾多次劝说刘璋，派人迫使将军您回到荆州去。您可以借口荆州危急，说要借兵回到荆州；这两个人既佩服将军英名，又高兴将军离开，一定不会带多少随从来见您，将军因此抓住他们，进而夺取他们的军队，再向成都前进，这是中计也。退回到白帝城，连引荆州，慢慢考虑夺取益州的事情，这是下计。如果犹豫而不离开，将会造成极大的困难局面，不可耽搁得太久了。”

葭萌关

刘备说：“军师的上计太仓促，下计太缓慢，中计不迟不疾，可以采纳。”

于是刘备发信致刘璋，只说亲返荆州抵曹，不及相会，以书相辞。张松不知是计，以为刘备真的要回荆州，便给刘备写了一封信，劝他攻取成都，他为内应。谁知此信被他的亲哥哥张肃弄到，献于刘璋。刘璋将张松捉拿，把其全家尽皆斩首。黄权又献策于刘璋：“事不宜迟，即派人告知各关口，不许放刘备一人一骑入关。”

尽管此时刘备已经准备进攻刘璋了，但是还碍着与刘璋同为汉室宗亲的一点关系磨不开面子而犹豫了一阵，但刘璋杀了张松让刘备彻底抛开了顾虑，正式和刘璋摊牌，拉开了收川战争的序幕。

再说，刘备此时已经没有退路了，他本来想依托张松作为内应，可以较轻易地占领刘璋的老巢成都，然而张松的被杀，打乱了刘备的部署，最致命的是，如果不快速做出反应，等刘璋完全布置妥当，再攻打就不容易了，刘备此时很快制订了攻取成都的计划和路线图。

刘备回涪城，先派人向把守涪水关的杨怀、高沛通报，让其出关相别。这二人听此消息，立即商定身上暗藏兵器，行刺刘备。庞统早已料到杨、高二人会有此阴谋，请刘备早做防备。

杨怀、高沛带200军兵，牵羊运酒，直至军前。他们见刘备无防备，心中暗喜。正饮酒间，刘备说："我有秘事与二将商议，闲人退避。"等他们带来的人都退出去后，刘备说："左右与我把杨、高二贼拿下！"帐后刘封、关平应声而出，一人捉住一个。

刘备说："我与你主是同宗兄弟，你们二人为何谋反，离间亲情？"

庞统令搜其身，果然各藏利刀一把。庞统下令把杨怀、高沛斩于帐前。黄忠、魏延把那200人也杀了。刘备大军一拥而入，进占涪城。接着又攻占了绵竹，逼降守将李严，一时军威大振，进而又一鼓作气，包围雒城。

雒城之战，是刘备兵定益州的一次关键性战役，他遇到了名将张任及刘璋儿子刘循的顽强抵抗，刘备用了一年时间才攻下雒城。诸葛亮曾来信劝刘备不可急于进兵，然而，庞统却认为，这是诸葛亮怕他取了西川，嫉妒他的功劳，故意来此信相阻。于是，劝刘备马上发兵。

刘备见庞统再三催促，便引兵前进。法正对这里的地理环境非常熟悉，他说："山北有条大路，正取雒城东门；山南有条小路，可取雒城西门。两条路都可进兵。"庞统听了，便对刘备说："我和魏延为先锋，取南小路而进，主公和黄忠从山北大路而进，到雒城会合。”

刘备让庞统从大路上去，庞统非要走小路。刘备说：“我夜梦一神人，手拿铁棒击我的右臂，醒来还觉着臂痛。此行莫非不佳?”庞统说：“壮士临阵，不死即伤，理之自然也。何故以梦而疑心乎?”

刘备说：“我所疑者，诸葛亮之信也。庞军师还是守涪关，如何?”庞统大笑说：“主公被诸葛亮的信所迷惑，他是怕我成大功，故写此信疑主公之心。心疑则梦，何凶之有？我庞统肝脑涂地，方称本心。”在庞统的一再坚持下，黄忠、魏延领军先行。

刘备正与庞统议事，庞统的马前蹄抬起，把庞统从马上掀下来。刘备问：“军师为何骑这么差的马?”庞统说：“此马我骑了好久，不曾这样。”刘备说：“临阵眼生，误人性命。我所骑的白马，性极驯服，军师可骑，万无一失。你的这匹马我来骑。”便和庞统换了马。庞统说：“深领主公厚恩，虽万死亦不能报。”刘备见庞统骑上他的白马走了，因为庞统今天口中总不离死字，心中总觉不快。

在雒城中刘璝、吴懿等听说冷苞也被杀了，大家商议对策。张任说：“城东南山上有一条小路，最为要紧之。我愿领一军守，诸公紧守雒城，切勿有失。”

张任在小路上埋伏，他先把魏延放过。后见庞统军到，有人说：“骑白马者必是刘备。”张任大喜，传令如此这般。

庞统正骑马前进，抬头见两山很窄，树木丛生，又值夏末秋初，枝叶茂盛。他心中打鼓，勒住马问：“此处是什么地方?”新降的军士说：“此处叫落凤坡。”庞统惊道：“我道号凤雏，此处名落凤坡，不利于我呀!”急令退军。这时，只听山坡前一声炮响，箭如飞蝗，一齐向骑白马的庞统射来，可怜庞统竟死于乱箭之下。

占领雒城，下一步就是进围成都了。

雒城被攻占，成都已成为一座无可凭恃的孤城，加上诸葛亮此时也率领张飞、赵云等从水道入蜀，攻下白帝城、江州，前来与刘备会师。刘璋看到外援断绝，坚守无望，只得打开城门投降。此时是公元 214 年夏天，刘备“跨有荆、益”的计划基本实现。

为了进一步稳定自己在益州的统治，刘备必须把原来的统治者迁移出去，以免日久生变。诸葛亮也对刘备说：“今西川平定，难容二主，可将刘璋送去荆州。”刘备犹豫不决，诸葛亮说：“刘璋所以失基业，就因为太软弱，主公如果以妇人之仁，临事不决断，恐怕江山难以长久。”刘备听从了他的话，恳请刘璋带着家眷前往南郡公安住下。在诸葛亮的建议下，刘备把刘璋迁到了几千里外的荆州，从而消除了身边的这个隐患。

刘备兴兵而来本是要夺取益州的，可他却表现得不急不躁，为什么呢？因为“礼数”还没有到，那么都有什么样的“礼数”呢？刘备为此精心准备了一系列的礼仪活动：对益州的士民以礼相待，如张松、法正等；对刘璋邀请自己与之共同抗击张鲁的进攻欣然接受且不提报酬；当自己的谋臣要借宴会的机会杀了刘璋时被刘备的“兄弟情深”的礼仪制止；等等，诸多礼仪仅仅是刘备采取进一步行动的铺路石。当刘璋不再相信他，拒绝借兵和借粮的时候，刘备顺理成章地完成了从“礼”到“兵”的转变。

第三节 治蜀先治心

夺取权力的时候就应该考虑稳固权力的问题，大凡聪明的握权者，都会想到这点。刘备还没有进入益州的时候，身边谋士、武将就已经很多了，这是日后保持政权稳定的中坚力量。然而刘备并没有就此满足，他的目标是让益州所有士民都臣服于他。为此，刘备不计前嫌，大胆起用刘璋旧部，他希望借助这些人来感化那些心中仍然不满甚至敌视自己的人，即使他们不能替自己做事，也不能成为蜀汉政权的障碍，刘备的确做到了这一点。

刘备稳定蜀汉政权采取的用人政策的突出特点是打破门户之见，广泛团结任用。刘备入蜀后，大力提拔重用他从荆州等地带过来的人。这部分人跟随刘备多年，东拼西杀，历尽磨难，刘备重用他们是情理之中的事。怎样任用刘璋的旧部，刘备颇费了一番脑筋，他根据实际情况，制订了正确的应对方案。

刘璋的旧部很多，成分也很复杂，既有庸庸无能之辈，又有真知灼见之才；少部分人对刘备有好感，多数人对刘备有敌意。刘璋的旧部、军议校尉法正，对这种情况十分清楚，他针对刘备对刘璋旧部了解不多、重视不够的实际，以许靖为例，及时提醒刘备要破除门户之见，广泛地把刘璋旧部团结利用起来。

法正对刘备说："许靖是益州有名望的士人，只要主公诚恳地对待他，就可以利用他的影响力去感化益州所有对主公有敌意的人。"法正的提醒起了很大作用，使刘备避免了一次大的失误。刘备任命许靖为益州长史，不久又提拔他为司徒。由于许靖的故旧很多，资历深，名声大，被起用后，不仅在蜀国有影响，连曹操政权中的一些名人，如华歆、王朗等人，也对刘备政权刮目相看。

在这个基础上，刘备大胆起用刘璋的旧部，尤其是那些曾经反对过自己的将领，经过刘备的努力，一大批原来敌视和憎恨他的人成为了他的重臣。

李严年轻时任本郡的郡吏，以才干著称。刘表任荆州牧，派李严担任过一些郡县的官职。公元208年，曹操率军南下攻打荆州，李严担任秭归县令，他见荆州一带战乱将起，便弃官西行，入蜀投靠刘璋。刘璋任命他为成都县令，任职期间，李严又以治事能干闻名。公元213年，刘璋提升李严为护军，派他到绵竹督促诸军抵御刘备的进攻。李严倒戈，率军投归刘备，刘备依靠李严的军队，实力越来越强。攻占成都后，刘备委任李严为犍为郡太守、兴业将军。

在犍为太守任上，李严充分显露才干，表现了出众的应变能力。公元218年，刘备与曹军争夺汉中，蜀军几乎倾巢出动，盗贼马秦、高胜趁机在郪县起事，聚众数万人，声势浩大，进军距成都东仅二百多里的资中县，直接威胁蜀汉王朝都城的安全。当时李严手中虽只有少量的郡属治安军，但他看汉中的战事正紧，前线还需增援，便不向诸葛亮请求援兵，果断地率5000军士出击，以迅雷不及掩耳之势击破盗贼，斩其头目马秦、高胜。李严还注意安抚四处逃窜的余党，只要放下武器不再作乱均不处罚，让他们恢复民籍，回乡务农。这样，叛乱很快就被平定了。

公元218年，越巂郡太守高定出动大军包围了距犍为郡界很近的新道县。新道县自古即被称为川西地区“后户”，在当时成都与越巂的交通上具有不可忽视的战略地位。川西地区至越巂的交通自古便是旄牛道，东汉后期旄牛“旧道”被阻塞后，只得改从经由安上（今四川峨边县）的另一条“新道”。新道县就在这条新的交通干道上，已经占据了越巂郡中心地区的高定，如攻取新道县，退则可以闭塞灵关，阻断道路，拥兵据险固守；进则可以挥兵直入犍为，窥视兵力空虚的川西地区，威胁蜀汉王朝的安全。李严闻讯后毫不迟疑，立即又率所部的郡士星夜驰援，在新道县击破高定的大军，高定被迫退回越巂郡的中心地区。李严因在这两件事上功劳很大，被提升为辅汉将军。

李严在犍为太守任上，还做过一些留名青史的好事。犍为郡城距成都一百多里，在岷江之西，因而由成都到犍为必须过岷江。过去岷江上曾修有大桥，名叫汉安桥，宽一里半，但每逢夏秋水大时，桥总是被冲垮，交通中断，且需年年耗资费时进行修理。李严任犍为太守后，组织人力凿通了天社山，再沿江修筑了可通车马的大道，另从上游用船摆渡过岷江。改道以后，行人、商旅从中得到很大的便利，官吏和老百姓都十分高兴，他们赞誉李严整修道路的功劳。李严还在郡城中大兴土木，

汉代拓片

把郡城整修一新，成为蜀汉一道亮丽的风景线。史书上评论说：作为犍为郡的太守，两汉三国间没有人比李严更著名的了。

对李严治政的才干和他在犍为太守任上的功劳，诸葛亮和刘备都给予很高的评价。诸葛亮很赏识李严处理政事的敏捷和果断，曾称赞说："李严治理政事像流水一样无滞留，既迅速又恰当，这就是李严的特点。"

作为刘璋旧部中出类拔萃的人物之一的李严，在刘备进攻刘璋的时候，临阵投降刘备。刘备也非常器重李严，先是拜他为裨将军，紧接着又任他为犍为太守、兴业将军。公元 222 年，刘备伐吴兵败退回后，特地把李严召到永安，提升李严为尚书令。公元 223 年，刘备病重，托孤给诸葛亮和李严，让李严作为诸葛亮的副手，任命李严"为中都护，统内外军事，留镇永安"。当然，李严得到如此殊遇，一方面，因为他的才干和功劳；另一方面，刘备也把他看作刘璋旧部中能效忠于蜀汉的典型。从此，李严作为顾命大臣之一，官职不断升迁，先后任前将军、骠骑将军等高级武职，地位日渐显赫。

刘璋的儿女亲家吴懿、费观是刘璋集团中势力很大的两个人，而以吴懿更大，吴懿的妹妹，又是刘璋哥哥刘瑁的妻子。刘备夺了刘璋的江山，他们对刘备有一种本能的仇视。刘备对他们先是热情地安抚，安排他们担任了比刘璋统领益州时还重要的官职。矛盾缓和了一点以后，刘备就与吴懿的妹妹结了婚，以联姻的政治手段，密切了和宿敌的政治联盟。

刘备诚心地对待刘璋在益州时的旧部，逐步获得了益州绝大多数士民的认可，刘备采取的是各个击破的措施，他首先掌握每个人的社会背景，对自己的亲疏程度，制定了详细的时间表，根据每个人的特点，运用不同的手段。不过总体上是用的怀柔的策略，从许靖开始，逐步推进，顺次是刘巴、李严等，最后是刘璋集团的核心成员，到此基本解决了夺取益州的善后工作，这对刘备稳固自己在这里的统治是至关重要的。

如果说，刘备团结、拉拢刘璋的旧部表现的是政治家的风度，那么，他对这些人的使用，则充分体现着求实精神，这也是刘备本着维护政权稳定的初衷采取的谋略。

刘备占有成都后，重用了法正、许靖、董和、黄权、李严、吴懿、费观、刘巴等人，这其中有一半以上是刘璋时的幕僚、将官，他们也和刘备的旧部一样，虽有这样或那样的才干，但也有这样或那样的缺点。刘备对他们不求全责备，任用时尽力做到因事设职，扬其所长，有时为了发挥他们的长处，对他们的种种错误，也暂时采取了宽容的态度。

法正，是刘备新政权中仅次于诸葛亮的智囊人物，是他将刘备请进益州来的，刘备战败刘璋，他出的主意最多，刘备攻下成都以他为蜀郡太守、扬武将军，外统都畿，内为谋主。法正做事很大胆，但打击报复起人来也无所顾忌。只要有人跟他结仇，他就会不顾一切地打击报复，直到自己满意为止。有时候甚至是一点点小事，法正也会毫不留情地重罚与他有仇的人，往往是将此人置之死地。刘备经常接到报告说法正擅自轻罪重罚，还有意公报私仇。刘备深知如果撤了法正的职，就失掉了一个难得的人才；如果断然干预法正的工作，又无法发挥他的作用。所以，刘备对于状告法正的公文，一律睁一只眼，闭一只眼。告状人只好找到了诸葛亮，让诸葛亮转告刘备制裁法正。诸葛亮说："现在曹操在北，孙权在东，孙夫人又在身边作难，主公考虑的是如何应付这些事情，京都一带的事，还靠法正处理，在此情况下，哪能制裁他呢?"这番话揭示了刘备当时的苦衷，刘备在权力还未最大化的时候，只能容忍那些既有才干，又不守法纪的手下，他知道整治这些人只有循序渐进，才能确保自己的权力不出现危险。因此，刘备虽然一直不制裁法正，但也深知让他这样下去是不行的。

于是，刘备等大局一稳定，立即将法正调到身边，安排他担任尚书令，这是一个不容易使法正犯错误、又能使其更好地工作的职务。

董和，为人正直，廉洁尚俭，并且善于治理民事和错综复杂的政务，过去在刘璋手下当成都令，老百姓很欢迎他，但是县内的一些豪强大户把他视为“眼中钉”，经常到刘璋那里说董和的坏话，搞得他很狼狈。刘备任命董和为掌军中郎将，与军师诸葛亮一起处理左将军大司马府的事务。这个职务很适合董和，他在这个位置上做了七年，与诸葛亮的配合相当默契。他死了以后，诸葛亮不止一次地称赞他。刘备容忍法正的短处，换来法正创造性地工作；而让董和与诸葛亮一道做参署工作，正是把好钢使在刀刃上。

刘备在从实际出发用人的同时，没有忽略蜀国的另一个实际情况，即蜀国毕竟是小国，人才资源相对短缺。鉴于此，他对挖掘民间的人才也特别注意。

秦宓，是四川人，小时就很有才学，他自命清高，过去，州郡几次辟他为官，被他拒绝。刘备听人推荐以后，派广汉太守夏纂及部下，抬着酒菜，到秦宓炕头边吃边谈，终于将秦宓拉出来做了祭酒。

一次，东吴的使者张温来蜀，问秦宓：“天有头吗？”

秦宓说：“有哇，这个头就在西方，《诗经》里面有句话‘乃眷西顾’，我根据这句话推断，天的头不就在西方吗？”

张温问：“天有姓名吗？”

秦宓说：“有，姓刘。”

张温反问说：“你根据什么知道的呢？”

秦宓说：“因为天子姓刘，所以知道天姓刘。”

张温穷追不舍，说：“太阳是从东方升出来的吗？”

秦宓很快就说出了一句妙语：“虽然出升在东方而在西方沉没。”

不要小看秦宓这近乎滑稽的回答，在当时充分起了巩固刘备政权的作用。如果不是刘备眼光向下，这样一个能言善辩的人才，也许会终生被埋没在民屋草舍。

彭羕，本性孤傲，为人狂放，不喜好与俗人为伍。他虽然有才干，过去只是一个州的书佐，有人告他谤毁刘璋，刘璋对彭羕施用髡钳的刑罚，罚他做徒隶。刘备进入益州后，彭羕主动找到庞统，表示愿意为刘备出力，刘备与他谈话后，认为他是一个奇才，多次让彭羕指导军队的各种训练，也经常给予他很大的权力。慢慢地，刘备开始重用彭羕，提拔他为治中从事。虽然彭羕以后得罪了刘备，被诸葛亮杀了，但刘备拓宽渠道，破格起用人才的做法，比起西川的旧主刘璋来，确实高明得多。

当年，刘备曾说过他得到诸葛亮是“如鱼得水”，这样的君臣关系，成为了千古求贤的楷模。“三顾茅庐”的传奇，世人已经再熟悉不过了。但是，如果以为诸葛亮是刘备寻访贤才过程中，最为辛苦的一个，那就错了。

为了追寻一位奇才，刘备更是辛苦地追遍了荆州、益州，差点就到交趾去。追寻这位奇才的过程中，有时高兴得要设宴，有时气得想干脆把他砍死算了。刘备拼命追寻的这个人身在蜀营，可其对刘备的态度却冷若冰霜。

他就是刘璋旧部——刘巴。

此人的才干，连诸葛亮都自叹不如。为了把他请出来，刘备阵营几乎是全部动员，这位架子奇大的刘巴，是什么人呢？

刘巴，字子初，是荆州世家名人，少年时就很有才干，他曾以“讨厌刘备”出名。偏偏他跟刘备就有缘，不管他怎么躲，都会遇到刘备。

他18岁时，在荆州担任郡署户曹吏主记主簿，当时刘备正好来荆州投奔刘表。

刘巴何时开始讨厌刘备，我们不知道。只知道这时他已经十分有名气，刘备叫周不疑去向他求学，刘巴一听是刘备介绍的，拼命推辞，说自己担当不起，大大谦虚了一番。本来这只能证明他很谦虚，不能证明他讨厌刘备，但是不久之后，刘备就发现原来他真的讨厌自己。

在赤壁之战前夕，刘备被曹操打得落花流水，开始逃难，荆州的士族都跟着刘备走，只有刘巴一个人北上，去找曹操。这表明了他宁愿去当汉贼，也不要跟刘备。

曹操对他的投奔又惊又喜，任命他做掾属，后来曹操叫他去招抚长沙、零陵等地。刘巴说：“我不去。”曹操很奇怪，我要重用你，你居然不肯，当然就问原因了。刘巴说：“刘备在荆州，我不去！”原来长沙等地就在荆州以南。

曹操似乎没有听懂这句话的意思，笑着说：“不要担心！万一你遇到刘备，我派大军去保护你！”有了这个保证，刘巴才上了路。想不到，他真的与刘备有缘，赤壁之战曹操惨败，诸葛亮指导刘备的战略就是去夺长沙、零陵等郡。

刘备入主零陵，听说刘巴也在这里，非常高兴，刘备还以为上次刘巴没跟自己南下，是被曹操抓去的缘故。当刘备准备去找刘巴叙旧时，才发现刘巴逃走了，而且逃得很远，逃到交趾去了。

刘备再怎么迟钝，也发现了人家真的不想理自己。贤才都有点架子，但是当初他三顾茅庐时，诸葛亮虽然也躲了他几次，至少没有逃走啊，刘备觉得自己受到了很大的伤害。

如果他知道刘巴这么讨厌他，他可能会更伤心。刘巴逃到交趾后，怕刘备通过其他途径找到他，竟然还改名换姓。

老天好像有意跟刘巴作对，逃到交趾改姓张的他，在交趾的太守士燮手下做事，士燮是拥吴派，也是三国时期为数不多的没有卷入斗争的领袖之一。或许是刘巴给他的意见与他的作风不合，两人相处得不好，刘巴便离开了。经由牂牁道时，被益州郡守拘留，差点被杀掉。所幸太守的主簿觉得刘巴似乎是个不简单的人物，便将他送去见益州牧刘璋。

刘璋以前就听过他的大名，大喜过望，马上问他对自己有什么好的意见，刘巴只给他一个意见：“不要接纳刘备。”刘璋不听，益州果然被刘备吞并。

刘备怕手下人捉到刘巴而杀害他，围攻成都时，特意下了一道命令：“不管谁杀害刘巴，我都要灭他的三族！”

当刘巴想再度展开他的“远离刘备之旅”时，却被堵住，刘备这回不让他跑了。诸葛亮写信给刘巴说：“你躲不掉的！天命如此，刘备就是你的真命天子，认命吧！给我出来！”刘巴回信说：“我是替刘璋办事的，事情没办好，你应该放我回家才对。”通过诸葛亮反复做工作，总算把刘巴请出来了。刘备马上任命刘巴为左将军西曹掾，不几年就让他代法正当了尚书令。

张　飞

刘巴只好答应为刘备效命。但他还是继续讨厌刘备。

所谓“恨屋及乌”，他对张飞、关羽当然也没有好脸色。张飞不知道其中的缘由，他特别喜欢结交刘巴这样的贤才，居然还兴冲冲地跑到刘巴家睡觉。张飞还说：“他的假名也姓张，我想他可能比较喜欢我。”可能张飞也想体验一下大哥跟诸葛亮同榻而寝、如鱼得水的感觉，便也去跟刘巴挤一张床。

刘巴没想到除了帮刘备处理公事之外，还要与他的三弟周旋，刘巴想，你张飞可以来，我不跟你讲话总可以吧。张飞在刘巴家赖了一整天，东问西问，刘巴都没开口和他说话，张飞终于发现刘巴不欢迎自己。张飞气得哇哇叫，诸葛亮赶快居中调解，刘巴还是爱搭不理地说：“我干吗要理他?”

最好笑的是，这件事居然连吴国都知道了，张昭说：“刘巴实在是很不识时务，对张飞这么没礼貌。”孙权说：“刘巴就是这样的嘛，高人都是有架子的。”

刘巴虽然很清高，却有清高的资本，在刘备攻取益州之后，国库空空，刘备十分忧心。刘巴说：“小事一件，我一定把这件事情做好。”于是，他认真做了三件事情：一是铸值百钱的铜板通行；二是统一全国物价；三是实行公卖制度。这些措施确实有效，数月之后，府库充实。

刘 备

看来刘备这样辛苦地追寻他，诸葛亮还亲自出马请他，这些功夫都没有白费，刘巴在关键的时候确实能够帮刘备的大忙。

从这件事上，就可以看出刘巴的能力实在罕见，但是他做事非常被动，事情不塞给他，他绝不会抢着做。蜀国建国之后，诏命公文都是刘巴写的，国号、年号也都是他定的，但他实在不太愿意让后人知道他的存在，因此，关于他的记载确实很少。

刘巴在公元222年去世，时年只有39岁。他花了生命中三分之一的时间躲刘备，最后八年才认命。

刘巴是刘备一生中最难得到的人才，但是刘备凭借他的真诚，终于让刘巴为他的蜀汉政权所用。面对三国时人才济济的状况，刘备其实可以去求取很多比刘巴好千百倍的人才，可他为什么要不懈地追寻这么一个执意躲避自己的人呢？刘备是有意识这样做的，他觉得与其求取千百个比刘巴强百倍的人才，不如穷追不舍地得到这个痛恨自己的刘巴更有效。刘备知道刘巴能为自己所用，如同一个宣言书，告诉天下的贤才，只要有利于我蜀汉政权的人才，我刘备一定不会放弃，即便是到天涯海角我都要把他请来。

刘备为稳定益州的政局煞费苦心，一方面，他大肆笼络益州的士人和反对派；另一个方面，他在拉拢这些人的同时，也打击了一些人，有的就以莫须有的罪名杀掉了。从刘备一生用人的情况看，此时他能做到不拘一格用人才也是形势所迫，权宜之计。这就决定了刘备称帝以后，又一脚踢开了他提拔的若干人。这都是作为一个政治家必需的手腕，因为能够为我所用的，我们就应该不择手段获取，不能为我所用的，必须扼杀，以免为自己对手所用，成为日后的祸患。

刘备力求从实际出发，稳定自己在益州的权力，这还表现在他对少数民族的政策上，因为南中是蜀汉政权的后方补给基地，这些地区历来都是少数民族的控制范围，刘璋逐步将南中抓在了自己的手中，但却不够稳定。刘备进入益州后，采纳诸葛亮的建议，给予当地少数民族首领诸多的好处，让他们独立自主地管理本族的事务，接着刘备又与这些地方少数民族豪族势力达成协议，刘备任命一些部将去协助他们加强管理。实际上，刘备是采用渗透的办法逐步瓦解大族对地方的控制力，推动了民族间的交流。在刘备的苦心经营下，南中地区也建立了一些服从中央的管理机构，这就确保了整个益州的稳定。后来刘备进攻汉中，南中地区又成为了刘备的粮食供应基地，甚至当刘备缺少兵马的时候，很多少数民族首领自发组织本族的人马听从刘备的调遣，这说明刘备的这种政策是正确的，使他没有任何后顾之忧。直到刘备去世，蜀汉的后方都是相对稳定的，体现了刘备在稳固蜀汉政权方面总体决策是讲求实效的。

以往新主都会对旧主包括他们的手下大加杀戮，为的是确保自己新占领地区政权的稳定，不会出现反叛的事情。刘备占领益州后，却采取了不同的方式。他考虑到，益州在刘璋父子手中几十年，他们的管理方式已经得到当地百姓和士大夫的认可，而刘备作为一个外来的势力，不可能在很短的时间里得到他们的认可。为此刘备不得不做出一个良好的姿态，他首先对刘璋表达了自己的所谓愧疚之情，放松他的戒备心，接着亲自出马一一收服刘璋的部下。

第四节 人才济济

刘备善于让别人为自己做事，除了善于用人之外，很重要的一点是让手下人有一种强烈的归属感，给予他们充分的权力和信任，使他们忠心拥护自己。

刘备早期仅依靠关羽、张飞等猛将，四处流浪，实力一直没多少增长。后来他认识到谋士的重要性，于是有了三顾茅庐，接着是庞统、法正等加盟，他们提出了一系列的建议，刘备大多虚心采纳。

三顾茅庐是刘备的经典手笔，刘备延揽诸葛亮作为自己的军师后，对于他提出的各种策略颇为欣赏，而张飞、关羽却不以为然，处处刁难。三顾茅庐后不久，曹操就派夏侯惇率领大军前来进攻刘备，刘备听取了诸葛亮的建议，全权委托诸葛亮调兵遣将，刘备甚至把自己的宝剑和印信都交给诸葛亮。诸葛亮也不客气，他下令："博望的左边有座山，名叫豫山，右边有树林，名叫安林，这里可埋伏兵马。关羽带一千人往豫山埋伏，等

博望坡

曹军到，把他放过去，不要交战，其辎重粮草，一定在后面，看见南面起火，可带兵出击，烧掉他的粮草。翼德引一千人去安林背后山谷中埋伏，看见南面起火，便可杀出，向博望城旧时屯粮草处放火烧之。关平、刘封可带兵五百，预备引火之物，于博望坡后两边等候，至初更曹兵到，便可放火。”

诸葛亮又命从樊城调回赵云，令其为前部，不要赢，只要输。诸葛亮又说：“主公自引一军为后援。各路人马依计而行，切勿有失。”

诸葛亮将所有将领安排完毕，却没有他自己的任务。关羽不高兴了，他厉声问道：“我等皆出去迎敌，不知军师做什么事?”诸葛亮说：“我只坐守县城。”张飞大笑：“我们都去厮杀，你却在家里坐着，好自在，好舒服!”诸葛亮看他二人不服，马上说：“剑印在此，违令者斩!”

刘备忙说：“岂不闻‘运筹帷幄之中，决胜千里之外?’三弟不可违令。”张飞冷笑而去。关羽则说：“我们且看他的计谋灵不灵，那时再来问他不迟。”关、张二人领兵离开了。

更糟糕的是，众将皆未领会诸葛亮之韬略，虽听令而去，但都疑惑不定。

诸葛亮告诉刘备："主公今日便可引兵在博望山下屯住，来日黄昏，曹军必到，主公便弃营而走。但见火起，即回军掩杀。我与糜竺、糜芳引五百兵守县。"诸葛亮又令孙乾、简雍准备庆功宴席，安排"功劳簿"伺候。诸葛亮下令完毕，连刘备也疑惑不定。

战斗结束后，张飞对关羽说："诸葛亮真英杰也！"二人行不数里，见糜竺、糜芳引军簇拥着一辆小车，车中坐着诸葛亮。关羽和张飞忙拜于车前，表示敬意。

由于刘备虚心采纳诸葛亮的意见，使诸葛亮能够充分展示自己的才能，此后，诸葛亮不断施展他超人的智慧，刘备由此实力大增。

刘备抓住一切机会招纳贤才，他不仅仅是简单地将贤才纳入自己的队伍中，而且非常信任这些有才能的人，对于他们的计策，他大多采纳。这就给这些人一个印象，即刘备对人才是真心实意的，在刘备手下是可以施展自己的抱负的，因此当时众多的奇才都投到刘备的帐下，在这些人的共同努力下，刘备实力终于由弱到强，控制地域由无到有，且迅速扩大。

刘备进入益州前，张松向刘备推荐了他的一个挚友法正，来协助刘备制订夺取益州的计划。

刘备见到法正后，十分欣赏他的才干，很快两个人就结成了知心朋友。法正也很佩服刘备，希望日后能和刘备一起完成统一大业。日后法正在迫降刘璋和夺取汉中诸战役中，屡立大功。刘备经常征询法正的意见，对于法正提出的建议，刘备十分赞赏。因此法正多次在关键时刻帮助刘备，如张鲁进攻刘璋，法正就马上前往荆州向刘备通报消息，认为这是进取益州的大好时机，他劝刘备占领益州，说："凭将军的英明和才能，趁刘璋无能，有张松这样的人做内应，一定能顺利占有益州。然后凭借益州的物产和天险，退，可以守住益州，进，可以争霸天下，完成恢复汉室的统一大业。”刘备很高兴地接纳了法正的这个建议。

刘备自葭萌南征，多次击败刘璋的部队。在这紧要关头，广汉郑度向刘璋献策：坚壁清野，迁徙全部巴西、梓潼人到涪川以西。郑度说：“烧掉所有的粮仓和剩余粮食，修筑高高的城池，挖出深深的沟壑，平静地守候刘备的到来。如果刘备来了，请求交战，请您不要交战，等时间长了，刘备军队必然疲惫，到时候肯定要撤走，那个时候再出击，一定可以活捉刘备！”

刘备得知消息后非常不安，向法正问策。法正胸有成竹，断定刘璋最终一定不会用此计，劝刘备不必忧虑。果然刘璋不听郑度计谋，反而对部下说：“我只听说拒敌以安民，没听说过要动民以避敌。”于是，刘备的军队势如破竹，很快就兵临雒城（今四川广汉）。这时，法正致信刘璋，分析形势，晓明利害，奉劝刘璋识时务，指出刘璋的部属没有一个人尽忠。法正说：“你的属下都是苟且偷生之人，他们没有什么远大的谋略，只知道阿谀奉承，没有一个肯为你出谋划策的。这些人一旦遇到灾祸，都赶紧寻找后路，以求自保，甚至很多人纷纷倒戈，没有愿意为你而死的。现在我给你指出一条生路，只要你献出蜀地，刘皇叔一定会确保你后半生荣华富贵的。”接着，法正辩解自己所为，是识时务，劝刘璋要随时势。法正说：“虽然我得了不忠的名声，然而我扪心自问没有辜负圣贤的德行，顾惟分义，实窃痛心。刘备来到益州本来就是合理的，他保持了仁德的本性，对你也不会有太多刁难。我认为你刘璋可以改变自己的想法，以确保你的显赫地位。”由于法正的这封信，刘璋无奈只好投降，刘备凭借法正，兵不血刃地占领了成都，这都是刘备虚心听取谋士意见的结果。与此同时，这些谋士也都把刘备看作自己的知心人，常言道：“士为知己者死”，他们也都竭尽全力辅佐刘备。

公元214年，刘备攻取成都后，就以法正为蜀郡太守，扬武将军，外统都畿，内为谋主，并赐予金五百斤，银千斤，钱五千万，锦千匹，恩宠至深。

法正死后，刘备为他痛哭流涕了数天。

在刘备入蜀的战役中，受到刘备赏识的武将有黄忠、魏延等。黄忠常常身先士卒，冲锋在前，屡建功勋。在汉中进攻夏侯渊时，黄忠一马当先，很快就将夏侯渊斩于马下。刘备为汉中王时，提拔他为后将军，与关羽等齐位。

建立政权后，刘备对人才的使用也非常妥当。原来刘璋既无法节制骄恣的州中诸将，也不能任用优秀人才。刘备则能按才录用。例如：董和、黄权、李严等本来是刘璋的部下；吴懿、费观、庞羲同刘璋有亲戚关系；彭羕是受到刘璋排挤的；刘巴则一向不屑与刘备共事，为刘备素日所怨恨的。可是刘备因他们各有所长，一一安排了重要的职务，让他们各尽其能。这样，原有的矛盾解除了，刘备的政权也得到了巩固。

无论是文臣还是武将，都希望主帅能够给予他们必要的奖赏，这样才会有更大的动力，而且一旦对这些人进行奖赏，给予他们应该有的头衔，他们就会更加卖力地维护他们辛辛苦苦打下来的地盘，忠心地拥护他们的主人。刘备正是出于这样的考虑，他在每一次攻城夺地后，都会给予部下相应的恩惠。

刘备自领益州牧后，任命严颜为前将军，法正为蜀郡太守，董和为掌军中郎将，许靖为左将军专史，庞义为营中司马，刘巴为左将军，黄权为右将军。其余吴懿、费观、彭羕、卓膺、李严、吴兰、雷铜、李恢、张翼、秦宓、谯周、吕义、霍峻、邓芝、杨洪、周群、费诗、孟达等投降的文武官员，共六十余人，全被任用。诸葛亮为军师，关羽为荡寇将军、汉寿亭侯，张飞为征虏将军、新亭侯，赵云为镇远将军，黄忠为征西将军，魏延为扬武将军，马超为平西将军。孙乾、简雍、糜竺、糜芳、刘封、吴班、关平、周仓、廖化、马良、马谡、蒋琬、伊籍，及旧日荆襄一班文武官员，尽皆升赏。遣使带黄金五百斤，白银一千斤，钱五千万，蜀锦一千匹，赐给关羽。其余官、将，都有奖赏。杀牛宰马，大饷士卒，开仓济民，军民大悦。其实最高兴的还是刘备自己，因为替他卖命的人越来越多了。

为了维护来之不易的人才济济的局面，刘备总是小心翼翼地调节手下将领之间的权力等级，实在没有办法时，他都会事先派人去做思想工作，尽可能不影响内部的团结，而派出去做思想工作的人，刘备也都是考虑再三才决定的。刘备知道关羽肯定会对五虎将的设置不太满意，所以他便派费诗去做引导说服工作。

费诗到达荆州，关羽迎接入城。关羽问："汉中王封我什么官爵？"费诗答："五虎大将之首。"关羽问："哪五虎将？"费诗说："关、张、赵、马、黄。"关羽怒曰："张飞是我弟，马超世代名家，子龙久随我兄，他们几个与我并列，可以。黄忠何等人，敢与我并列？大丈夫终不与老卒为伍!"费诗笑着说："将军这话就不对了。以前萧何、曹参与高祖刘邦同举大事，最为亲近，而韩信是楚军逃跑的将领，然而韩信被封为王，位居萧何、曹参之上。并没听说萧、曹以此为怨。现在汉中王虽然有五虎大将的封赏，而与你有兄弟的情义，视同一体。将军即汉中王，汉中王即将军啊。难道能与别人等同吗？将军受汉中王厚恩，当与同休戚、共祸福，不应该计较官位高低，愿将军熟思之。"关羽听罢大悟，说："是我的不明，要不是足下见教，几乎误了大事。"即拜受印绶。

第五节　章武皇帝

汉中地区，周围环山，中间是汉水盆地，是刘备与曹操必争之地。曹操占据汉中，严重地威胁了益州的安全，也使刘备难以向北方发展。刘备如果据有汉中，进可以攻关中，退可以守益州。因此，曹操与刘备之间爆发了争夺汉中的战争。

公元215年，曹操打败西北的马超、韩遂以后，便亲自带兵进攻汉中的张鲁。十一月，张鲁投降。在曹操取得汉中以后，司马懿向曹操建议说：“刘备用诈力降服刘璋，西蜀人心都还没有降服，现在又率军东下与孙权争荆州，这是我们进攻益州的好时机，现在我们已占汉中，益州震动，如果趁势出兵，势必瓦解。”刘晔也说：“刘备入蜀时间不长，蜀人都没有归附，我们占领汉中后，蜀中惊慌，此时出兵攻蜀，定能取胜。如果迟疑不动，等到蜀地安定，据险守要，再想攻蜀就困难了。”

曹操却拒绝说：“人苦于不知满足，既已得陇，还希望得到蜀吗?”曹操认为蜀地不易攻取，自己后方不稳，孙权在淮南，关羽在荆州，打起仗来，胜负难以预料。于是调大将夏侯渊镇守汉中，自己领兵回京，并在公元216年称魏王。

这是曹操缺乏谋略的地方，而刘备却不管那么多，他积极地行动起来准备夺取这块战略要地，完成他统一中原的宏图伟业。

刘备对曹操攻占了汉中，并且进入“三巴”地区，很担心。他派黄权出兵打败了曹操三郡的太守，控制了“三巴”地区。曹操听到这个消息，又派大将张郃进军宕渠。刘备派张飞去迎敌。张郃的兵力比较多，张飞采取游击战术骚扰对方。双方僵持了五十多天，没有分出胜负。

张郃的粮食快用完了，心里着急，就想尽快结束战斗，他派出很多探马，监视张飞的一举一动。张飞这时心生一计，又想出当年对付严颜的办法，故意率领大队人马，假装从小路去偷袭张郃。张郃得到消息，立刻率领主力部队，由小路跟在张飞军队后面追赶，等待时机发动进攻。没想到张郃的人马一进入瓦隘口小路，就不见张飞军队的踪影了，张郃知道上当了。因为山路狭窄，士兵前后拥挤，乱作一团。这时张飞命令士兵从两旁悬崖上往下滚石头，弓箭手连续射箭，一会儿工夫，张郃的兵马所剩无几。张郃攀登悬崖，才逃了出来。

公元 217 年，法正向刘备献策说：“曹操打败张鲁，占据汉中，不乘势攻取巴蜀，只留夏侯渊、张郃把守，自己引军北还，这不是他智谋不足、力量不够，而是由于内部不稳、后方不安定。夏侯渊和张郃的才干，不如我们的将帅，如果出兵征讨，必能取胜。要是夺得汉中，可种田、积谷，积蓄力量，等待机会。进一步说，可以此地为进兵中原、消灭曹操势力的基地；退一步讲，也可以攻取雍、凉二州，扩大疆土；至少还可以坚守要地，同敌人长期相持。这是很好的机会，千万不可错过。”刘备接受了法正的建议。

公元 218 年，刘备亲自统兵北攻汉中，留诸葛亮守成都，刘备大军驻扎在阳平关。汉中曹军的总指挥夏侯渊，是有名的将领，作战非常勇猛。他的部队行动迅速，常常能出其不意地战胜敌人，曹操很欣赏他。但是对他骄傲自大、有勇无谋的缺点也很担心，经常告诫他说：“做将领的不仅要勇敢，还要善于用计谋。”夏侯渊并没听从曹操的劝告。刘备率领军队逼近定军山。定军山是汉中西南的门户，地势险要，如果失守，汉中就难以保住。因此，夏侯渊全力迎战。他在营寨周围用鹿角栅栏围起来，作为屏障，以为这样做，刘备就攻不进去，所以就放松了警惕。刘备用火去烧鹿角，当夏侯渊派兵修补鹿角时，刘备又去偷袭夏侯渊的大本营。这时，老将黄忠与法正逼到定军山下，先占了定军山西边的一座高山。法正说：“黄将军可守在半山，我在山顶。等夏侯渊兵到，我只要手举白旗，将军便按兵不动，待他倦怠无备，我就举起红旗，将军便下山击之，以逸待劳，必然取胜。”黄忠听了从他的计策。

夏侯渊得知黄忠占了对面高山，便要出战，张郃苦劝不听。夏侯渊领军围住此山，大骂挑战。法正在山顶上举起白旗，不管夏侯渊百般辱骂，黄忠就是不出战。午时以后，法正见曹兵已倦怠，锐气已减，多下马坐在地下歇息，于是举起红旗，顿时鼓角齐鸣，喊声大震，黄忠一马当先，驰下山来；夏侯渊措手不及，被黄忠砍为两段。

黄忠斩了夏侯渊，曹兵大败，各自逃生。黄忠乘胜去夺定军山，张郃引兵来迎。黄忠与张郃厮杀一阵，张郃败走。忽然被赵子龙挡住去路，张郃大惊，引败军到汉水扎营，飞报曹操，当曹操得知定军山已丢失，夏侯渊死，放声大哭。

黄忠斩了夏侯渊首级，到葭萌关向刘备请功。刘备大喜，加封黄忠为征西大将军，设宴庆贺。忽然有人来报：“曹操亲领二十万大兵，来为夏侯渊报仇。张郃正在米仓山搬运粮草移到汉水北山脚下。”刘备推断说：“曹操虽然再来，也无能为力了，我们一定能够得到汉中。”刘备利用曹操运粮困难的弱点，专门派人去抢粮、烧粮，使曹操感到很头痛。

一天夜晚，刘备派黄忠、赵云和张著前去偷袭曹操储存粮草的地方。

赵云原地待命，负责接应，黄忠、张著率领兵马前去。黄忠领人马在前，张著在后，偷过汉水，直到北山之下。东方日出，看见粮草堆积如山。见蜀兵到，曹军弃粮而逃。黄忠正欲下令放火，张郃兵到，与黄忠混战。曹操闻知，立即派徐晃接应。徐晃领兵前进，将黄忠困在中心。张著引三百兵走脱，又被文聘围住。

赵云不见黄忠回，急忙披挂上马，引三千兵接应。迎头一将拦路，乃是文聘手下的慕容烈，被赵云一枪刺死。赵云杀入重围，又被焦炳拦住，赵云骤马一枪，又刺死焦炳。赵云到了北山之下，看见张郃、徐晃两人正围住黄忠厮杀。赵云大喝一声，杀入重围，左冲右突，如入无人之境。张郃、徐晃心惊胆战，不敢迎敌。赵云救出黄忠，且战且走，所到之处，无人敢阻，接着赵云又救出张著。

曹操在山上见赵云东冲西冲，所向无敌，救了黄忠，又救了张著，勃然大怒，自领左右将士来追赵云。张郃、徐晃追至蜀寨，天色已暗，见寨中偃旗息鼓，又见赵云单枪匹马，立于寨外，寨门大开，二将不敢前进；正在此时，曹操亲到，督催军马向前。众将听令，杀到寨前，见赵云全然不动，曹兵翻身就回。这时，赵云把枪一招，壕中弓箭齐发。曹兵自相践踏，拥到汉水河边，落水者、死者，不计其数。赵云、黄忠引兵追来甚急，曹操弃了北山粮草，忙回南郑。张郃、徐晃亦弃寨而逃。赵云占了曹寨，黄忠夺了粮草，所得军器无数，大获全胜。

刘备和诸葛亮来到汉水，军士们将赵云如何英勇，向他们细说一遍。刘备对诸葛亮说："子龙一身都是胆啊！"于是军中号赵云为"虎威将军"。

曹操又遣大军从斜谷小路而来，直取汉水。刘备和诸葛亮来看地形，见汉水上流，有一土山，可埋伏千人。诸葛亮令赵云带500人，都带鼓角，埋伏于土山之下，或半夜或黄昏，只听到营中炮响，就擂鼓一番，只是不要出战。第二天，曹兵来叫战，蜀兵无一人出，弓箭也不发，曹兵自回。当夜更深，诸葛亮放号炮，赵云听到，令敲鼓角。曹兵惊慌，只疑劫寨。出到寨外，不见一军。回到寨内刚躺下，号炮又响，鼓角又鸣，呐喊震地，山谷应声，曹兵彻夜不安。这样，一连三夜，曹操心怯，拔寨退三十里，在空阔地扎营。

诸葛亮笑着说："曹操虽知兵法，不知诡计。"遂请刘备亲渡汉水，背水结营。曹操与刘备决战。刘备往汉水而逃，尽弃营寨与马匹军器，丢满一道。曹操心疑，急令回军。这时，诸葛亮号旗举起，黄忠、赵云从左右两边杀来。曹兵大败，传令回南郑。而南郑已被张飞、魏延夺下。曹操心惊，又往阳平关而逃，诸葛亮又令张飞、魏延分兵去截曹操粮道，令黄忠、赵云分两路放火烧山。接下来，张飞刺伤曹操的大将许褚；魏延拈弓搭箭，射中曹操。曹操翻身落马，魏延正要杀曹操，被庞德救起。原来魏延射中曹操的人中，打掉了两颗门牙。

曹操急忙班师回许昌，至此，汉中已到刘备的手中。

刘备从曹操手中夺取汉中之后，许多部将按捺不住，想让刘备称帝，但不敢轻易提出，于是找到了诸葛亮。

诸葛亮说："我已有定夺。"便和法正来拜见刘备，说："现在曹操专权，百姓无主；主公仁义布于天下，如今已经拥有两川之地，可应天顺人，即皇帝位，名正言顺，以出兵讨伐曹操这个国贼。事不宜迟，敬请赶快选择一个吉利的日子登基。"

刘备听后大惊，说："军师说这话就不对了，我刘备虽然是汉之宗室，但还是臣子啊，我如果当皇帝就是反叛汉朝廷。"

诸葛亮说："不是这样的，现在天下分崩，英雄并起，各自都霸占一方，四海有才德的人，抛弃生死来辅助他们的主子，其实都想建立功名呀。现在主公为躲避篡权的嫌疑而死守心中的道义，恐怕会让众将士失望，希望主公仔细考虑其中的利害关系。”

刘备说：“要我当皇帝，实在不敢，这件事情可以从长计议。”

诸将说：“主公如果推却，大家的心都会散了！”

诸葛亮说：“主公平生以义为本，不敢称尊号。现在已经有了荆襄和东川、西川之地，可暂为汉中王。”

张飞大叫：“那些不姓刘的人都想当皇帝，何况哥哥是汉室宗亲，不要说汉中王，就是称皇帝，有什么不可以的呢！”

刘备说：“三弟不要多说了！”

诸葛亮说：“主公应该顺从权变，先进位汉中王，然后表奏天子，也不迟。”

刘备再三推辞，最后只得应允。

于是，马超、许靖等120人联名上奏汉献帝，说他们因为曹操“外吞天下，内残群僚，朝廷有萧墙之危，而御侮未建，可为寒心”，所以“臣等辄依旧典，封备汉中王，拜备大司马”。将来，消灭曹操以后，“功成事立，臣等退伏矫罪，虽死无恨”。

这120人之中的领衔者，不是诸葛亮也不是关羽、张飞，而是马超，为什么呢？因为马超曾经是朝廷正式封侯拜将的一员。所封的侯是“都亭侯”，所拜的将是“偏将军”。

刘备同时也上一表给汉献帝，说：“群僚见逼，迫臣以义……（臣）若应权通变，以宁靖圣朝，虽赴水火，所不得辞……辄顺众意，拜受（大司马之）印，（汉中王之）玺，以崇国威……应天顺时，扑讨凶逆，以宁社稷。”

公元219年七月，筑坛于沔阳，方圆九里，分布五方，各设旌旗仪仗。

群臣依次排列，许靖、法正请刘备登坛，进冠冕玺，面南而坐，受文武百官拜贺为汉中王，子刘禅立为王世子。许靖为太傅，法正为尚书令，诸葛亮为军师，总理军国大事。封关羽、张飞、赵云、马超、黄忠为五虎大将。魏延为汉中太守。其余人按功定爵。

曹 丕

公元220年，曹丕称帝，名义上的汉朝也不存在了。公元221年，蜀中传言皇帝刘协已被谋杀。于是刘备在成都发丧追悼，改穿丧服，追称刘协“孝愍皇帝”。这时候，文武官员争相请求刘备即皇帝位。刘备也认为这时以继承汉统的名义称帝，对扩大自己的势力和影响是有利的，便在公元221年四月称帝，国号汉，定年号为章武，以诸葛亮为丞相。

《三国志》对此是这样记载的：

惟建安二十六年夏四月丙午，皇帝备敢用玄牡，昭告皇天上帝、后土神祇：汉有天下，历数无疆。曩者王莽篡盗，光武皇帝震怒致诛，社稷复存。今曹操阻兵安忍，戮杀主后，滔天泯夏，罔顾天显。操子丕载其凶逆，窃居神器。群臣将士以为社稷堕废，备宜修之，嗣武二祖，龚行天罚。备惟否德，惧忝帝位，询于庶民，外及蛮夷君长，佥曰天命不可以不答，祖业不可以久替，四海不可以无主，率土式望，在备一人。备畏天明命，又惧汉邦将湮于地。谨择元日，与百僚登坛，受皇帝玺绶。修燔瘗，告类于天神。惟神飨祚于汉家，永绥四海。

第七章 伐吴

第一节 关、张之死

随着刘备势力的急剧增强，尤其是汉中之战击败曹操后，刘备的声望如日中天，有逐渐超越孙吴之势。他们绝不甘心地位一直屈居孙权集团之下，双方必然会有一次摊牌，荆州事件和关、张先后被杀不过是提前触发了这次摊牌而已。所以，对蜀汉本身的利益来讲，“伐吴”是必然的。

赤壁之战后，刘备在诸葛亮等人的辅佐下，夺取了益州和汉中，形成了可以和曹操、孙权抗衡的势力。但因荆州问题，刘备和孙权经常发生纠纷。刘备得益州后，孙、刘之间嫌隙更大了。

公元215年，孙权向刘备提出索还荆州的要求，刘备不允。于是孙权派军袭取长沙、零陵、桂阳三郡。刘备急忙引军到公安，命关羽争三郡，双方大战一触即发。当时刘备听说曹操将要进攻汉中，恐益州有失，便与孙权讲和，平分荆州，以湘水为界，江夏、长沙、桂阳属吴；南郡、零陵、武陵属蜀。吴、蜀荆州之争乃暂告息，但吴未得整个荆州，仍不甘

心。盘踞在长江上流的刘备已构成对吴的潜在威胁，更令吴国君臣耿耿于怀。

公元 219 年七月，关羽奉刘备之命，亲领大军北上，进攻樊城，曹军樊城守将曹仁知道关羽身经百战，精通兵略，有万夫不当之勇，因此十分小心。曹操派于禁前来相助，曹仁又分兵于禁与庞德，让他们驻扎在樊城北面，自己则亲自守城，使樊城内外相互接应。

当时，正是秋雨连绵的季节，滂沱大雨导致汉水暴涨，关羽预见江堤难保，事先将大军屯于高地，又派人准备大小船只，以应急用；于禁屯兵于低洼地面，事先未作防备，一夜暴雨，江水溢出堤坝，平地之上水积数丈，驻地化作水乡泽国，幸亏奔逃及时，于禁、庞德与少数人马才未被洪水冲走，其余则顿为鱼鳖。在暂时栖身的高处，于禁举目四看，城外一片汪洋，无处躲避，正在发愁如何解决军队的粮食问题时，猛然间看见前方驶来几艘大船，为首的正是关羽。原来，关羽见洪水暴涨，算定于禁必被困于小山之上，因此一到天明，立即率军登船来抓于禁，于禁无奈，只好投降。庞德则率兵在堤上顽强抵抗，不肯屈服，最后力量不支，被关羽斩杀。

关羽水淹于禁七军，这一仗打下来，威震四方，一些地方武装也借助关羽旗号维持，愿受关羽节制。曹操得知于禁投降、庞德不屈而死的消息后，感慨万千道："于禁跟我三十年，我应当了解他，不料这次临危处难，竟不如庞德，这真叫人遗憾哪！"樊城军民见曹军惨败，人心惶惶，准备逃难，而黄河以南反对曹操的人则趁机起兵，曹操处境极为不利。

为此，曹操也有点稳不住了，与大臣商议，想从许昌迁都到邺城，以避关羽锋芒。司马懿立即表示不可迁都，他说："迁都避锋，必乱天下人心，臣以为关羽得志，孙权必不乐意。况且于禁之败，并非作战不力，而是困于洪水，关羽实不足惧。我们不妨派人去游说孙权，让他出兵从后面袭击关羽，许他事成之后，将荆州封给他，这样樊城之围自然因关羽抽兵抵挡孙权而解除了。"曹操认为有理，当即决定按此行事，派徐晃领兵救樊城，以保城池不失，同时派人直奔江东，鼓动孙权出兵。

孙权确实与刘备面和心不和，并对关羽余恨未消，因为他曾遣媒为儿子向关羽求亲，要娶关羽的女儿为媳，关羽不答应，将媒人痛骂了一顿，孙权受辱，对此一直记恨在心。

这时曹操派人游说，更激起孙权的怨恨之情，加上孙权因江陵在建业上游，如果关羽的势力进一步发展，势必遏制建业，这对东吴将构成极大威胁。因此，孙权爽快答应来使，复信曹操，表示愿意照办，只是要求曹操保守秘密。

孙权时刻注意荆州形势，发现关羽留下来守卫荆州的两员大将都对关羽有怨恨之意，便决定加以利用。

事情原来是这样的：关羽攻打樊城，需要军粮、物资，命荆州及时补充，麋芳、傅士仁因关羽自傲，不把他们放在眼里，心中不快，未及时运输。关羽为此大发脾气，扬言打下樊城后再与他们二人算账，二人闻言心怀恐惧，更加不满。

孙权手下大将吕蒙，武艺高强，又精于谋略，鲁肃死后，孙权就派他接任，驻扎在陆口。吕蒙得知曹操遣使劝说孙权击关羽，愿意充当先锋去夺取荆州，他对孙权道："关羽恃强自傲，目中无人，倘若打下樊城，则更加张狂，必须早早下手，将他收拾，方保东吴平安。"

孙权以为然，吕蒙又献计道："关羽在荆州的军队虽不少，主将却不肯卖力，只要设法让他把军队再调走一些，便好对付了。"孙权问如何让关羽调兵，吕蒙道："您可以准我的假，让我离开陆口去养病。然后派陆逊接替我，他年轻有为，而名声不大，关羽见我离任，陆逊是他看不上眼的小人物，必然轻视，敢于调兵去打樊城。"孙权称善，依计而行。

陆逊上任以后，为骄关羽之心，写了一封情词恳切的信，派人送给关羽，吹捧关羽神威，当今天下无敌，表示自己对关羽佩服得五体投地，祝愿关羽一举攻下樊城，等等。关羽果然中计，以为陆逊无能，为尽快攻下樊城，便将留守军队调往前线，荆州差不多全空了。

吕蒙并没有真去养病，他悄悄领兵在浔阳上船，令精兵暗伏在舱内，将摇橹的兵士换上白色衣服，扮成商人模样，然后解缆启程，来到荆州附近，骗过当地守军，直逼公安城下，对守将傅士仁晓以利害，傅士仁便投降了。吕蒙得了公安，又让他作陪，渡江来见麋芳，劝麋芳投降，麋芳经傅士仁一劝，觉得在关羽手下不会有什么好结果，便也投降东吴。这样，关羽竟在毫无知觉的情况下，失去了荆州根据地，处境变得十分危险。

曹操接到孙权来信后，当即召集群臣计议。群臣闻讯，皆大喜欢，都说应该帮孙权保密，使其偷袭成功。可是，谋臣董昭却不以为然，他认为应该把这一绝密消息告诉围困中的樊城将士，使他们知道关羽之围指日可退，从而更加坚定守城意志，以保城池绝对不失。同时，他还认为应该透露风声，或者干脆告诉关羽，让他心慌，无心攻城，早日将围兵撤走，转而对付孙权，迫使他非袭江陵不可。曹操觉得董昭分析得有理，立即采纳他的意见，派人抄录孙权来信，用箭射进樊城城内和关羽的营屯里去。事情果如董昭所言，樊城守城将士闻之大为振奋，士气高昂，关羽闻之则犹豫不决，虽未立即退兵，但攻势明显减弱。

关羽决定讨回荆州，他派使臣去见吕蒙，责备他不讲信义，破坏孙、刘共同破曹的联盟，希望他以大局为重，退还荆州。

吕蒙哪会答应，推说这是民心所归。言外之意是说：谁叫你关羽不爱惜将士和民众呢，我吕蒙取荆州正顺应了天意民心。使臣回去报告关羽，关羽气得不得了，可又没有办法，只好另谋出路。不久，曹操又进驻摩陂，命大将徐晃率兵反击，关羽被迫退居麦城。

孙权到了江陵，又派人赶到麦城劝关羽投降，并告知关羽，所掳关氏一门均善为保护，城中百姓亦未伤毫发，等等。关羽拒绝投降，手下将士却悄悄散去，关羽无奈，只得逃出麦城。孙权派大将潘璋阻截关羽退路，在麦城以北的临沮，将关羽及其子关平一并截获，送交吕蒙，吕蒙奉孙权之命，将关氏父子就地斩首，并将关羽首级封于匣内，送呈孙权。孙权则将此匣派人立即送到许都，并写了一封信，要曹操兑现许诺，同时还劝曹操早日称帝。

吕 蒙

曹操利用孙权消灭了关羽，削掉了刘备的一只臂膀，这不但解除了刘备对襄、樊的威胁，而且在战略上达到了扼制刘备的作用。从此，刘备已无力如诸葛亮出隆中时设想的“命一上将，将荆楚之军，以向宛、洛”，失去了对曹操两面钳击的攻势，只剩下出秦川一条路了。

荆州丧失的原因，除关羽本人的因素外，刘备也负有重要的责任，他忽视了荆州的防守，更不应让关羽镇守荆州。关羽为人刚而自矜，既缺乏政治眼光，又不能团结部属，让其镇守荆州是很大的疏忽与失策。刘备的事业至此遭受了重大挫折。

荆州失守，对刘备是一个沉重打击，不仅使原来准备分兵两路北取中原的计划破产，而且失掉了一个重要战略地区。刘备不甘心自己的失败，决意夺回荆州，东征孙权。

公元221年四月，刘备即帝位，国号汉，史称蜀汉。一次上朝的时候，刘备提出要起全国的兵力，讨伐东吴，生擒逆贼，为关羽弟报仇雪恨。这时，威武将军赵云劝谏说：“国贼是曹操，不是孙权。现在曹丕篡汉，神人共怒。陛下应该早点图谋进攻关中，屯兵渭河上流，用来讨伐曹魏政权，那样关东义士，一定会欢迎我们的军队；如果抛开魏国去讨伐吴国，一旦开战，就不可能短时间内平息下来，希望陛下认真考虑。”刘备坚定地说：“孙权害了我的弟弟，又加上傅士仁、麋芳背叛我，我恨不得吃他们的肉、灭他们的族，你为什么要阻挡我呢?”

赵云说：“汉贼的仇是大家的，兄弟的仇是您个人的，希望陛下以天下为重。”

刘备坚持说：“我不替我的弟弟报仇，虽然拥有万里江山，也谈不上什么富贵了?”

刘备不听赵云的劝谏，下令起兵伐吴，并派人往阆中，命令张飞为车骑将军。

张飞在阆中得知关羽被害，每天痛哭不停。手下拿来酒劝解他，没想到张飞喝醉酒后，怒气更大了，帐上帐下，只要有冒犯他的就被鞭挞，很多人被抽死。后来张飞听说有人劝刘备首先讨伐曹魏，大怒，便同使节来成都见刘备。

刘备每日亲自操练军马，克日兴师，御驾亲征。百官都到丞相府来见诸葛亮，请诸葛亮出面劝其改变主意。诸葛亮带领众官去教练场，上书说："陛下刚刚登上帝位，如果想要向北讨伐汉贼，伸张大义于天下，才可以亲自统率军队前往；如果只是为了讨伐吴国，只需命一上将统兵讨伐就可以了，为什么一定要御驾亲征呢？"

刘备见诸葛亮多次苦谏，心中刚想改变主意，张飞来了，抱着刘备就哭，说："陛下今天当上皇帝，早就忘了桃园结义时候的誓言了吧！二哥的仇，为什么不报？"刘备说："我与你一起去，你带领本部兵马自阆州而出，我统率精兵与你会师于江州，共同伐吴，以雪此恨！"张飞临走时，刘备又嘱咐他："我知道你酒后暴怒，鞭挞官兵，这是惹取祸患的原因。今后对官兵应该宽容，不可以像以前那样。"张飞拜辞而去。

然而回到阆州后，张飞却命令范疆、张达在三日内制办白旗白甲，三军挂孝伐吴。这两个人在三日内实在难以完成，被张飞绑在树上，各打了50 皮鞭，打完后说："到时候要完不成任务，杀你二人示众！"

范疆和张达商议："让他杀我们，不如我们杀了他。"等张飞酒醉，睡在帐中的时候，范疆和张达各藏短刀，秘密潜入张飞的营帐中，直接来到张飞床前。原来张飞睡觉不合眼，二贼见他须竖目张，本来不敢下手，但听到张飞鼾声如雷，才敢靠近张飞，以短刀刺入张飞腹中。张飞大叫一声而亡，时年 55 岁。

范疆、张达割下张飞的头，引数十人连夜投东吴去了，张飞的儿子张苞飞报刘备。这时刘备令丞相诸葛亮保太子守两川；骠骑将军马超与弟马岱助魏延守汉中，以挡魏兵；虎威将军赵云为后应，兼督粮草；黄权作为参谋；马良、陈震掌理文书；黄忠为前部先锋；冯习、张南为副将；傅彤、张翼为中军护尉；赵融、廖淳为后合。共起兵75万，于公元222年出师，诸葛亮等送十里外方回。

刘备出师后，一夜心惊肉跳，寝卧不安。忽然有人报告张苞来了，听到张飞被杀害，刘备放声大哭，昏倒在地，众官把他救醒。不一会儿，关兴又来了，刘备看到关兴又想起他父亲关羽，再次放声大哭。众官苦苦安慰，而刘备却说："我是老百姓的时候，与关、张结义，誓同生死。现在我当上天子了，正想与两个弟弟同享富贵，不幸他们都死于非命！看见这两个侄子，能不断肠！"说完又大哭起来。

刘备命令关兴、张苞护驾，同心协力，共报父仇。

刘备的大军来到夔关，驻扎在白帝城。孙权派诸葛瑾到白帝城，说谋害关羽的吕蒙已死，冤仇已经平息，孙夫人一直想回到皇叔的身边，孙权愿送归夫人。又把降将傅士仁、麋芳捆绑送给刘备，并将荆州交还，永结盟好，一起去消灭曹丕，以正篡逆之罪。但刘备就是不答应，并大怒说："杀我弟关羽的仇，不共戴天！想让我罢兵，除非我死了，要不看在丞相是你弟弟的情面上，先砍了你的头！"诸葛瑾只好返回江南，向孙权实报。

孙权没有办法，只好派使节去觐见魏帝曹丕，陈说利害，请他派兵袭击汉中，逼迫蜀帝刘备退兵。曹丕虽然不肯立即出兵，但封孙权为吴王，加九锡，基本上形成魏、吴联合共同对付蜀国之势。

面对这样的局面，刘备应该见好就收，可是他不这样想，他想到的是自己进攻吴国是替他弟弟报仇，直接的仇人死了，自己可以把仇恨转移到吴主孙权的身上，这样，自己出兵就可以无休止地进行下去，至于结果如何，刘备此时也不考虑了。

孙权知道刘备仍不肯放过自己，急忙召集文武商议。步骘说：“刘备所痛恨的人是吕蒙、潘璋、马忠、糜芳、傅士仁等，现在这几个人都死了。只有刺杀张飞的范疆、张达二人还在东吴，为什么不抓住他们二人，同张飞首级，派遣使者送还荆州，送归夫人，上表求和，再会前情，共图灭魏，则蜀国的军队自然会退回去。”孙权采纳了他的建议，用沉香木匣盛张飞的头颅，将范疆、张达捆绑在囚车里面，命令程秉为使者，向猇亭而来。

刘备看见张飞首级在匣中面不改色，放声大哭。马上要求张苞摆设他父亲的灵位，将范疆、张达千刀万剐，祭奠张飞的灵位。

这时马良感到应该见好就收了，上奏说：“仇人都被杀光了，仇恨应该没有了。东吴又愿意归还荆州，送回孙夫人，永结盟好，共同灭魏，我想我们也该退兵了。”

但刘备怒气还没有平息，坚持要消灭吴国，说：“我的切齿仇人是孙权，现在如果与他讲和，就辜负了二位弟弟当日的盟约，现在先灭吴，接着再灭魏。”刘备甚至想杀了使者，经众官苦苦劝谏，程秉才得以逃脱。

对于刘备兴兵伐吴，蜀汉内部的许多人士也持反对态度，益州学士秦宓，在与刘备谈论了一番天下形势以后，劝他不要去伐吴。这些意见无疑是正确的，但刘备权衡利弊，仍然觉得这两件事情是伐吴的最好借口，此时也就成了伐吴的最佳时机。

刘备是一代枭雄，他很清楚什么应该做，什么不应该做，他为什么执意要伐吴呢？因为从战略的角度看，伐吴是当时最好的选择。

刘备正式称帝后，不仅建立了名正言顺的蜀汉帝国，而且部队经过两年的休整、补充，战斗力空前提高，足以组建一个强大的机动兵团，进行出征。同时，国内经济、内政在诸葛亮的治理下发展很快，已经具备了保证大规模军事行动的财力和物资。另外，汉中在任命魏延负责驻守之后，其依托险要地形部署的防线，足以保证蜀汉北方门户的安全。

这时，刘备有两个战略性选择：北进进攻魏国，东进讨伐孙权。但北进的不利因素在于：魏国实力强大，不是短期内可以击败、消灭的；关中有秦岭天险阻隔，陇右道路遥远，均不利于大军的迅速行动。而且，刘备以注重信义著称天下，结义兄弟被盟友无端杀害，不加理会而北进，则有损其注重信义的光辉形象。

因此刘备选择了东进，其有利的因素在于：顺流东下，具有居高临下、势如破竹的有利地势，伐吴早期的一帆风顺也证明了这一点；蜀汉大军东征名正言顺，就是为关羽报仇，讨伐背信弃义的孙权，这样容易凝聚人心。另外就是曹丕继位未久，人心未定，不会主动伐蜀，这样就没有了后顾之忧。

关羽是在公元219年底遇害的，为什么刘备在两年半之后也就是公元222年才迟迟出兵呢？那是因为刘备一直都在积极进行筹备工作，希望一举拿下东吴，与魏国分庭抗礼。可惜的是，后来的猇亭惨败，使后人否定了刘备正确的战略决策。

第二节 猇亭惨败

孙吴的实力是相当庞大的，刘备、诸葛亮二人比谁都清楚这一点，他们知道要想一口吃掉对方是不现实的。而且，鉴于曹魏的强大，他需要一个同盟来共同抗击，并不希望把孙吴彻底打垮。那么，怎样才能为关羽、张飞报仇，并且要回荆州呢？最有效的办法应该是：在一场最关键的战役里击溃孙吴的主力，迫使对方答应自己的所有条件，并且在日后两国的同盟中，使蜀汉处于支配的地位。这就是刘备和诸葛亮伐吴的最终目的。蜀汉的战前准备和战争中的军事行动，都是围绕这一目标来进行的。

公元222年，就在称帝后这年秋天，刘备率领大军，沿长江，出巫峡，水陆并进，直指东吴。孙权派使臣向刘备求和，刘备根本不予理睬。时任南郡太守的诸葛瑾也写信给刘备，劝他不要伐吴，信中大意说："陛下您和关羽的关系，怎么能够比得上和先帝（指汉献帝）的关系？荆州的分量，怎么能够比得上全国？一样是仇敌，也应该论个大小先后。"诸葛瑾的劝告同样没有效果。

对于蜀汉的进攻，孙权做了一些准备。他把都城从建业迁到长江中游的武昌，以便扼守荆州；又任陆逊为镇西将军，统领李异、刘阿等进驻巫县、秭归，加强西线防务。他还写信和派使臣到蜀汉，要求重归旧好。刘备率军东下后，孙权任命陆逊为大都督，率领朱然、潘璋、韩当、孙桓等大将及士兵5万人，西上拒敌。

蜀汉军队的先头部队在将军吴班、冯习率领下，首先打败吴军李异、刘阿部于巫县，然后进兵秭归。刘备还派马良到沅水流域“蛮族”地区，争取他们出兵配合。武陵郡的少数民族首领沙摩柯率众北上，协助刘备作战。

当刘备从秭归领兵出发时，治中从事黄权提醒刘备不要轻视东吴，他建议说：“吴军骁勇善战，我军沿江顺流东下，易进难退。我请求担任前锋，先驱攻伐，陛下应该留在后面镇守。”从后来战事的发展及结局看，黄权的这个建议是正确的，但刘备决心亲自出征，不但不采纳黄权的意见，反而命令黄权为镇北将军，指挥长江北岸的军队防备魏军。这是刘备在进军战略上犯下的第一个错误。

蜀军很快打到夷陵。陆逊因刘备来势凶猛，兵锋甚锐，知道硬拼是不行的，就把兵力收缩在夷道、猇亭，据险固守，俟机反攻。

从巫峡到夷陵有六七百里，沿岸两侧都是为高山峻岭。刘备在江岸南侧沿路扎营，竖立木栅，立营数十屯。他又把水军撤到岸上，“舍船就步，处处结营”，这是刘备进军战略上犯下的第二个严重错误。

当时，吴军的一些将领要求主动迎击，但陆逊考虑到蜀军来势凶猛，数量又不少，强攻硬打是要吃亏的。他对诸将说：“刘备举兵东下，锐气正盛，而且凭借高处，据守险要，很难一下子攻破，即使攻破，也难以获得全胜。如果出击不利，影响大局，问题就严重了。现在我们可以奖励将士，多多出谋划策，等待形势的变化。蜀军是沿山地行军的，兵力难以施展，自然被拖得很疲乏，我们可慢慢抓住他的弱点对付他。”

于是，陆逊采取了先让一步，后发制人的作战方针。他命令吴军退出山地，将几百里的崇山峻岭让给蜀军，把部队集中在猇亭地区。

对陆逊的诱敌深入、后发制人方针，东吴的将领并没有理解。孙桓等被包围后，一直来要援军，陆逊的部将也要求派兵救助。但陆逊不同意，回答说："孙桓很得部众拥护，而且夷道城池牢固，粮食充足，不必担心。等我们用计取胜，孙桓将军之围不救自解。"

陆逊

刘备对陆逊这样的对手，没有放在心上，他在夷陵东西一线，安下了许多营寨，分散了兵力。当刘备派兵挑战时，陆逊坚守营寨，就是不出战。双方在猇亭对峙达六七个月之久。蜀军被阻在猇亭夷道一线，一直找不到同吴军决战的机会，运输困难，天气渐热，斗志逐渐涣散，士气越来越低落。这时，刘备放弃了"水陆俱进"的有利条件，将水军移到陆上，命令军队在山林中安营扎寨。于是，陆逊决定反攻蜀军。

对于陆逊决定这时候反攻，手下的一些将领困惑不解，说："进攻刘备应当在他初入境的时候；现在已经让他深入五六百里，拒守已经有七八个月，一些要害的地方，他已经加固守备。这时进攻一定是不利的。"陆逊回答说："刘备是一个狡猾的敌人，经历多、见识广，他的军队开始集结时，各方面考虑得很细致，士气也旺盛，我们不应该同他们硬拼。现在他们在这里驻扎了很久，没有得到进攻我们的机会，兵士已经疲劳，斗志已经消沉，策划不出什么好计谋。所以，现在正是我们发动进攻，打败蜀军的好时机。”

诸将认为他说得很有道理，决心在反攻中取胜。为了做到有把握，陆逊先做试探性的进攻。他先攻蜀军一个营寨，结果失败了。但是他却从这次交锋中摸到了蜀军的弱点，想出了打败蜀军的办法。他命令战士每人都带一把茅草，到达蜀营外，在放火的同时，猛攻蜀军。

此时是公元222年闰六月，正是盛夏，火势猛烈，蜀军营寨、木栅均着火燃烧，吴军趁着火势，连破蜀军四十多座营寨，杀死蜀汉大将冯习、张南。刘备做梦也没想到，他苦心经营的连营之阵，竟被陆逊一夜之间用火攻突破，只得率领残兵败将，退守马鞍山。陆逊又指挥吴军从四面围攻。蜀军土崩瓦解，一下子被杀一万多人，船只器械和各种物资，损失殆尽。

大都督冯习率领断后部队往来冲杀，为刘备逃跑争取时间，没多久，就只剩下几十骑，又遇上了徐盛军团，冯习大喝一声，冲进敌军丛中，立刻被斩为肉酱。

前锋大将张南保护刘备及谋士们退向马鞍山区，率领残军力敌追过来的徐盛、宋谦、朱然大军，一直坚持到了刘备安然退进山区。张南全军覆没，他本人也战死在乱军之中。

张南副将傅彤保护谋士们退至江边后，听说刘备已经进入马鞍山，军祭酒程畿敦促傅彤立刻杀出重围，前往驰援，自己和谋士们率领残部则待在江岸，坚守不退，吸引吴军的注意力，企图减轻刘备所受的压力，没多久，便死伤殆尽，程畿自杀。

镇北将军黄权奋力反击陆逊主力，但军力太少，被击败后溃散，眼看归路被截断，黄权只得遥向刘备营区跪拜后，北投曹魏去了。

胡王沙摩柯在秭归听说前线失利，立刻驰援，遇到韩当、潘璋军，兵败被杀。

傅彤找到刘备后，在马鞍山防守了一天多，全军死伤惨重，于是趁黑夜突围，这时秭归已经失陷，刘备只好越过巫县，直奔白帝城而去。傅彤殿后，且战且走，在秭归附近被徐盛、朱然军追上，被团团包围不得脱。徐盛惜其忠勇，喊话劝降，傅彤咬紧牙关，上马再战，终于力竭，死在乱军中。马良也在乱军中战死。

刘备赖将军傅彤死力卫护，才得以趁夜逃奔到白帝城。

进了白帝城，刘备又惭又恨地说："想不到我竟被陆逊这孺子打败，这难道不是天意吗?"其实，刘备的失败，完全是指挥策略上的错误。不听黄权之言，放弃水陆并进，结营于山林等，这都是使吴军易于取胜、使己方陷于败境的错误做法。

猇亭一战，刘备兵马被杀及投降的达数万人，其余舟船、器械、水步军用物资的损失，更是不计其数。

由于刘备急于求成，战争开始后屡犯兵家大忌，终没能实现出兵前的预定目标而功败垂成。

这时的孙权，对曹魏则抱着靠近的态度。曹丕称帝后，孙权立即派人祝贺，并将投降关羽后落在自己手中的魏将于禁送回许都。曹丕封孙权为吴王。孙权称臣于魏，是为了争取时间，稳定新占荆州的统治，免得曹魏进攻自己；当蜀汉进攻时，希望曹魏能保持中立，防止两面受敌。因此，当曹魏使臣携带吴王的印绶来到东吴时，孙权表示非常欢迎。他对部下说："以前刘邦也接受过项羽的分封，当汉王，这是权宜之计。现在曹丕封我为吴王，又有什么不好呢?"于是接受吴王的封号，定年号为

孙　权

黄武。

尽管刘备调集了蜀汉一多半兵力，在数量上略多于陆逊军。但由于陆逊采取了诱敌深入、避锐乘疲、后发制人的正确方针，破坏了蜀军的快速决战计划，造成蜀军疲劳、士气低落的局面，使蜀军从优势转为劣势，最后战胜了蜀军。这哪里是什么“天意”呢？

猇亭之战，是中国历史上疲敌制胜、以少胜多的著名战例。刘备精心准备的伐吴战略，前期的动员工作可谓煞费苦心，出兵的理由也冠冕堂皇，但是刘备进入战场后却屡犯兵家大忌。在战术上，又不察地利，将军队带入难以展开的两三百公里的崎岖山道之中；同时在吴军的顽强抵御面前，又未及时改变作战部署，而采取了无重点的处处结营的错误办法，终于陷入被动，导致惨败。

刘备逃回白帝城之后，吴军的一些将领如徐盛、潘璋等主张乘胜追击，捉拿刘备。孙权询问陆逊的意见，陆逊考虑到曹魏虽然外示友好，内里实有“奸心”，很可能趁机袭击东吴后方，不宜深入蜀境，便建议孙权下了退军的命令。

刘备惨败的消息传到了成都，诸葛亮大为震动，他叹息说：“如果法孝直（法正字孝直）不死，一定能够劝阻主上东征，即或东征，也不致遭到这样的惨败。”这说明诸葛亮原来在伐吴的问题上，并没有持坚决反对态度。因为荆州的丢失，影响了他的整个战略部署，他是不甘心的，他不能以放弃荆州为代价，来维持吴蜀联盟关系。他以为，刘备的东征是可以取得胜利的，没想到竟造成这样的局面，于是想起法正，来了一个事后叹息。

夷陵之战结束后不久，曹丕果然发兵进攻东吴。原来，曹丕想利用孙权有赖于曹魏的时候，加强对东吴的控制。他要求孙权送儿子孙登到洛阳做人质，以表示忠心，还索取大量珍宝等贡物。孙权对曹丕物质上的要求尽量满足，索要的贡物，一一凑足奉献。但对送子入质，则以“孙登年幼，不宜入洛”为辞，婉言拒绝。

公元 222 年九月，曹丕以孙权不送质子、不听命令为由，亲率大军南征。面对曹魏大军的进攻，孙权一方面调兵遣将，分路迎击；一方面派使臣到蜀汉求和。兵败之余，无能为力的刘备，既担心孙权的继续进击，又担心曹魏灭掉东吴，对自己不利，便同意了孙权的和议，派使者往东吴复命。

虽然吴蜀双方讲和了，但猇亭之战的惨败，对刘备的打击实在太大了。不仅荆州没有夺回来，而且使蜀汉的元气大丧。忧心忡忡，加上年老和过度劳累，他终于病倒了。

刘备经过认真考虑且权衡了蜀汉和东吴的军事力量的对比后，他做出了伐吴的决定，东吴杀害关羽、占领了荆州与杀死张飞的凶手逃到吴国这两件事情，成为刘备动员全国的军队发动对东吴的进攻的有利借口，此次伐吴的战略目标是削弱东吴而夺取荆州，然而进入具体战役的谋划环节却出现失误，猇亭之战的失败，导致全局的失利，把刘备前期精心准备的成果荡涤一空。

追根溯源的话，猇亭惨败是因为刘备集团在赤壁之战后，在政治策略和军事战略上犯了一系列的错误所导致的。

最大的错误就是不取汉中而与孙吴争南三郡。在三国几大势力的角逐中，介于关中与巴蜀之间的汉中处于十分重要的战略地位。尤其是对巴蜀，诚如益州人士杨洪指出的："汉中是益州咽喉，生死存亡的要地，如果没有汉中就不会有蜀。"

公元211年，益州牧刘璋请刘备入川，让他攻击汉中张鲁，就是出于这一考虑。如果说这时的刘备，意在保存实力图谋益州而不愿北取汉中，还是可以原谅的话。那么，公元214年刘备攻下成都，自领益州后，再不发兵攻取汉中，就是很大的失策。由于错失良机，仅仅过了一年，就先后发生了孙吴袭取南三郡和曹魏进兵汉中的事件。当时刘备如能先一步进取汉中，无疑是捷足先登，巩固了益州防务。然而刘备却低估了汉中落入曹魏手中的危险性，置汉中于不顾，率军赶往荆州，去争夺已被吕蒙占据的南三郡。这在政治上、军事上都是不可取的。军事上，夺回南三郡已非易事，曹魏进兵汉中，益州又在危险之中。刘备率军赶往荆州，事实上已无法改变荆州的局面，相反，却为曹魏取得汉中开了方便之门。政治上，刘备去夺南三郡，使本来就很脆弱的孙刘联盟又出现了新的危机。结果，处于两线受敌的刘备，不敢与孙吴恋战、继续南三郡的争夺，不得不与孙吴达成和议，以湘水为界，中分荆州。

刘备不仅没有夺回南三郡，反而被曹操夺得了汉中，使益州根据地顿时紧张起来。曹操取汉中并非最终目的，而是以汉中为据点，吞并益州。所以进据汉中的曹魏大将夏侯渊、张郃，不断攻略益州，正像廖立所指出的那样，曹操夺取汉中后，继续派夏侯渊、张郃深入到巴郡，窥视益州。究其错误，刘备是难逃其责的。

再一个错误就是，刘备让关羽来镇守荆州，刚愎自用的关羽最终丢掉了荆州，而后引发出来一连串的祸事，最终导致了猇亭惨败。

分析了赤壁之战至夷陵之战这段历史，我们不难发现，刘备虽然取益州、夺汉中，奠定了蜀汉立国的基础。但在军事战略上却犯了一系列错误，一失再失，一误再误，终于将蜀汉政权局限于一隅之地，不能有很大发展。

第三节　白帝托孤

猇亭之战的惨败，大大削弱了蜀国的实力，产生了非常严重的后果。刘备一生谨慎，却在伐吴这件事情上栽了跟头，因此他心情抑郁、精神恍惚，加上长期用兵，劳累过度，终于病倒了。他自感病势加重，于是派人去成都召请诸葛亮，嘱咐后事。

《三国志》中这样记载：

> 章武三年春，先主于永安病笃，召亮于成都，属以后事，谓亮曰："君才十倍曹丕，必能安国，终定大事，若嗣子可辅，辅之。如其不才，君可自取。"亮泣曰："臣敢竭股肱之力，效忠贞之节，继之以死！"先主又为诏敕后主曰："汝与丞相从事，事之如父。"

刘备再命内侍传旨，向群臣宣布托孤于丞相诸葛亮，以尚书李严为副。

刘备托孤不是简单的遗嘱交代，而是经过深思熟虑后导演的一场大戏。他事前想到了多种交代后事的方案，最终他选择这种托孤方式，这是慎重的。

首先，刘备觉得如果直接把辅佐大权交给诸葛亮，难保他日后权重压主，这是历史上经常发生的事情，而此时的诸葛亮又正处于权力日盛的地位，刘备想到自己死后，诸葛亮权力必然会上升到凌驾于刘禅之上的，所以直接托付方案被否决。

其次，刘备还考虑了自己死后，肯定缺少一个核心力量，这将威胁到根基不稳的蜀汉政权，因此必须尽快树立一个核心人物。

刘备的考虑是：这个人必须足智多谋，同时还有治国统兵的才干。经过权衡，刘备把视线停留在了诸葛亮的身上，只有他才符合自己的要求，于是他让自己的3个儿子拜诸葛亮为父，并说出了那番托孤的话来，就是要告诉其他大臣，诸葛亮是我死后法定的主政之人，从而确保了自己死后蜀汉政权的稳定。

再次，刘备还借托孤探明诸葛亮的心思，并且引出了诸葛亮发誓绝不觊觎帝位的口头保证，这是刘备的撒手锏，也使后世一直把他放在了枭雄的位置上。

最后，刘备仍然不放心，还把李严放在了诸葛亮的身边，给予他托孤的副手权力，名义上是副手，实际上是监督者，后来李严处处掣肘诸葛亮，这也是蜀汉前期伐魏失败的一个主要原因。然而刘备这样安排却是聪明的，目的就是不让自己死后帝位换人、政权改姓。

刘备托孤给李严，是有用意的，他认为诸葛亮权力过大，如果不安排一个人来牵制他，诸葛亮很有可能会篡夺刘禅的帝位。于是刘备选择了李严，李严依照刘备的意图，处处显示自己也是刘备的托孤大臣，不服从诸葛亮的管束，给诸葛亮制造了一个又一个的麻烦，最后被诸葛亮找了一个借口流放了。虽然李严为人不怎么样，但是在抑制诸葛亮方面，他还是做得很好，可见刘备措施还是很周到的。

刘备托孤给诸葛亮和李严，让李严做诸葛亮的副手，任命李严为中都护，统内外军事，留镇永安。当然，李严得到如此殊遇，一方面，因为他的才干和功劳；另一方面，刘备也把他看作是刘璋旧部中能效忠于蜀汉的典型。从此，李严作为顾命大臣之一，官职不断升迁，先后任前将军、骠骑将军等高级武职，地位日渐显赫。

李严权高位重之后，再也不思进取，自身的缺点和贪欲不断膨胀，非但没能再有建树，反而成了诸葛亮实现统一大业的掣肘。李严在家乡做官时，为人就刻薄，贪图私利。家乡人编了顺口溜说："李严这个人切勿与他亲切，他像鱼鳞一样又滑又刺人。"李严在蜀汉位居高官后，更一味地追逐权力和名利，尽量扩大家产。他劝诸葛亮接受九锡（封建时代帝王对臣子的最高待遇），晋爵称王，其用意在于随诸葛亮之后也可大大提高自己的官职地位。这也是试探诸葛亮，如果他真的接受自己的建议，李严肯定会趁机铲除诸葛亮。好在诸葛亮婉言谢绝了，并告诫他要以国事为重。后来，诸葛亮准备率军伐魏时，要李严将所辖部队抽调两万人去协助镇守汉中，李严想方设法推诿刁难，不但没派出一兵一卒，反而要诸葛亮从益州东部划出五郡另置江州，任命他做了江州刺史。

公元230年，曹真、司马懿等率魏国大军三路进攻汉中，诸葛亮一面率蜀军据险以待，一面再次命李严率部到汉中增援，要他到汉中坐镇。李严根本不知军情的紧急，又提出了待遇问题，诸葛亮只得上表朝廷任命李

司马懿

严之子李丰为江州刺史。李严这才前往汉中增援。诸葛亮对李严几次让步，均考虑到彼此都是顾命大臣，应该齐心协力完成伐魏大业，所以没与李严计较。有人对诸葛亮提起李严年轻时，家乡的人就极难与之相处时，诸葛亮笑着说："不可亲近，离他稍远点不就行了吗?"李严到汉中后，诸葛亮又不顾同僚们对李严的议论，让他留守大本营，把处理政事的权力交给了李严。

对诸葛亮至诚待人的行为，李严毫无感悟，不仅仍坚持追求私利，不思改悔，反而变本加厉，对诸葛亮阳奉阴违，终致贻误军机大事，并嫁祸、诬陷诸葛亮。公元 231 年春，诸葛亮挥军再出祁山进攻魏国的陇西，李严留守汉中并负责督运军粮。诸葛亮为此役精心准备了两年，并注意弥补前三次伐魏战役中蜀军的不足之处，如为解决屡次出现的军粮运输困难，在运输工具上首次使用了新改制的木牛。考虑到此役时间拖长以后可能出现种种不利因素，诸葛亮到前线后又把自己的规划写信通知了李严，信中说："战况顺利，我军就割断魏国陇西与关中之间的联系，切断陇西魏军的退路并伺机歼灭之，这是上策；敌我实力相当，我军打算在陇西打持久战，等待良机，这是中策；战况不利，如军粮运输不继，我军当采用下策，退驻黄土川水。”战役进行到夏秋之际，阴雨连绵，道路泥泞，运输困难，加上李严督运不力，军粮供给出现了困难。当时与蜀军对峙的司马懿所率的魏军军粮供应也已告急。李严全然不理会诸葛亮的战役规划，派参军马忠、督军成藩到前线去见诸葛亮，要诸葛亮将大军撤回。

当诸葛亮应李严的请求退兵时，李严却假装吃惊地说：“我给前线供应的军粮很丰足，大军怎么会撤回呢。”他企图用谎言推卸自己的责任，并把坐失战机的罪名加到诸葛亮头上。他又向后主刘禅报告说：“诸葛亮撤退是假的，是为了引诱据险固守的魏军出击，以便决战。”

李严做了这些两面三刀的坏事后，自己也心虚，害怕露馅，便东躲西藏。听说大军快撤退到他的驻地，就以生病为托词跑回后方；大军快退到后方了，李严又想跑回江州，他的部属马忠等反复劝说后，李严才没再跑。这时，李严还想杀掉一两个督运粮草的官员来替自己顶罪。诸葛亮对李严的无耻行径十分愤怒，他当众拿出李严先后亲笔所写的有关退兵的信件与他对质，揭露了李严的犯罪事实。在铁证面前李严再也无法抵赖，这才低头认罪。诸葛亮率臣僚向刘禅上表，历数李严所犯的罪过，建议惩办李严。李严罪责难逃，被罢免了所有的官职，流放到梓潼郡。

也许刘备给予李严托孤的重任是不明智的，李严后来的行为严重危害了蜀汉政权的基础，但是刘备死之前并没有考虑李严的为人对蜀汉政权的危害性，而仅仅是借助李严制衡诸葛亮。诸葛亮鞍前马后替刘备出主意，奠定了刘备的基业，依然逃不脱刘备的管束，刘备就是死了，也还有他的替身李严，虽然很多情况下扰乱了蜀汉政权的阵脚，但是李严却完成了刘备交给他的牵制诸葛亮的任务。

刘备托孤为什么最终选择了诸葛亮而不是李严呢？因为诸葛亮不仅

“才十倍曹丕”，而且从人格特质分析，相对于素有大志的刘备来说，诸葛亮则是隐居南阳等待明主，他不以创立帝业为目标，而是作为辅助的角色，而一旦他这么决定，且成为刘备的谋士后，他就不可能取而代之。况且他的忠君思想更不可能使他有反叛的心理，难怪诸葛亮仅可为相。而且刘备爱民仁厚，使得诸葛亮更坚定了效忠刘备的信念。

所以，有关“托孤”的记述，把刘备对诸葛亮的信任与诚恳，叙述得淋漓尽致，跃然纸上。你看：一个宏毅而宽厚的国君，面对自己老实有余而聪明不足的继承者，要他一心一意地听从老丞相的教诲，以免不辨忠奸，危及大业。

从白帝城托孤开始，刘备实际上就已经把国家的所有权力都给了诸葛亮，所以诸葛亮才能竭尽全力维持内部的稳定，平定西南，结交孙权，北上伐魏，将蜀国的江山延续了几十年。刘备死后，诸葛亮成为蜀国的实际掌权者。可以说，他耗尽了自己的心智，用尽了自己的所有才能和精力，完成了刘备交给他的艰巨任务。

诸葛亮在施政治国中，十分重视“斟酌损益，进尽忠言”，以“裨补缺漏，有所广益”。他常常规劝后主刘禅，“诚宜开张圣听”“谘诹善道，察纳雅言”，不要阻塞了“忠谏之路”。而他自己，更是身体力行，从谏如流，广采群僚之谋。

个人的见识总是有限的，只有“集众思，广忠益”，博采众人之谋，才能治理好国家。所以，诸葛亮提出了“集思广益”的思想。他告诫下属，不要因为怕得罪人而不敢提出相反的意见，那样将会给国家带来损失。应该遇事各抒己见，反复商讨，摈弃错误或不妥的见解，得出正确的结论。由于“人心苦不能尽”，他大力赞扬敢于直言的手下，以消除群僚的顾虑，鼓励他们进谏。

诸葛亮言行一致，在处理军政事务时，常常主动征求手下人的看法和意见。如刘备征汉中时，关于是否发兵的事，他征求杨洪的意见后，急速派兵支援前线；刘禅初登帝位，他征求邓芝的意见，派人使吴，重申两国盟好；南征前，他曾向在南中任过太守的马谡请教，采纳了马谡“攻心为上”的建议，使南中战事得以迅速结束；北伐时，他曾就留守总管丞相府的人选征求蜀郡太守杨洪的意见，在杨洪讲了张裔“不可专任”之后，他就以张裔、蒋琬二人共同管理后方事务，收到了“足食足兵以相供给”之效。

在封建专制社会中，一个位极人臣，集全国军政大权于一身的丞相，能如此开诚布公，提倡直言，广开言路，并一再征求、采纳属下的意见，的确是难能可贵的。

对于下属提出的不正确或与自己主张相反的意见，能否正确对待，是对每一个当政者是否真正欢迎直言的试金石。诸葛亮深知这一道理，为此，他专门写了《与参军掾属教》一文，表彰敢于和他反复争辩的董和，号召僚属效法他。诸葛亮说：“倘若人人‘有忠于国如幼宰者，亮可以少过矣’。”

诸葛亮将去南中平叛时，长史王连劝谏说：“此不毛之地，疫疠之乡，不宜以一国之望，冒险而行。”他不赞成诸葛亮亲自领兵到南中那种荒野和瘟疫流行的地方去。诸葛亮考虑到南征事关重大，他人难以胜任，还是决定亲自出征。事实证明，诸葛亮的决定是对的。然而，诸葛亮并没有因王连提过反对意见而疏远他，反而赞赏他的恳切进谏。王连死后，让他的儿子承袭了官爵。

诸葛亮是具有非凡才智的人，但是他更能看到别人的长处、优点。正是这种可贵的自知和知人之明，使他能够虚心纳谏，闻过则喜。在《出师表》中，他告诫后主，要“开张圣听”“察纳雅言”，避免阻塞忠谏之路。这不仅仅是对君主的劝诫，也是他发自肺腑的治国经验。因此，他严于律己，从不文过饰非。北伐中街亭失守，罪在马谡，他却引咎自责，主动承担战败的责任。认为自己身为主帅，用人不当，授任无方，应当受到责罚。于是上表降职三级，从丞相降为右将军。

不仅在用兵打仗上，在施政中他也是如此，勇于自责。每当出现失误，他从不推诿，而是首先自我反省。将军来敏犯法，他在《黜来敏教》中，检讨自己“暗于知人”，“违议者之审见，背先帝之疏外”，对来敏宽容过度了。李严被免官时，他也承认自己几次迁就李严，“隆崇其遇，以取一时之务”，“是臣不敏”，失于审察。因此，后人说诸葛亮做到了：“己有功则让于下，下有阙则躬自咎，见善则迁，纳谏则改。”这是公允的评价。

在建立和巩固蜀国的过程中，诸葛亮立下了汗马功劳。但是，他从不居功自傲，以此追求名利和特权。李严与诸葛亮同时受托辅政，李严倾心于名利，在封侯后不久，就想当王。他先劝诸葛亮受“九锡”，晋爵称王。晋爵称王，受赐“九锡”，是臣子的最高荣誉。所谓“九锡”，是指君主赐给臣下享受的九种器物或特权。曹操就曾要求汉献帝封他为魏王，授“九锡”。

诸葛亮严正加以拒绝，他写信对李严说：“我与您可算是老朋友了，难道还不能相互了解吗？您现在用光耀国家来指教我，告诫我不要拘泥于常规，因此，我不能再沉默不语了。我本是一个普通的读书人，误被先帝重用，成为地位最高的大臣，俸禄和赏赐极多。现在，讨伐敌人的大业还没有成功，对先帝的知遇之恩还未能报答，您就叫我比照着齐桓公、晋文公，享受那种尊宠，自贵自大，这就不合道义了。假如灭掉魏国，斩了曹叡，让皇上返回故都洛阳，到那时，我同诸位同僚一起升官晋爵，即使是十种赏赐，我也接受，何况九锡呢?”

诸葛亮不追求名利，专志于讨贼灭魏，兴复汉室，把国家的兴衰置于个人名利和荣辱之上，其情意之真切，品格之高尚，令人肃然起敬!

诸葛亮不辞辛劳，事必躬亲，他大事要抓，许多看来琐碎的所谓“小事”也管。他亲自校阅各种文书，处理各种事务，“夙兴夜寐，罚二十以上，皆亲揽焉”。他还喜“好治官府、次舍、桥梁、道路”等，凡是有利于国计民生的事都一一过问。因而在有关诸葛亮的遗迹中，现存有很多诸葛井、孔明泉。

诸葛亮一生最突出的品质是献身精神和忠贞气节。为报答刘备三顾茅庐的知遇之恩和实现“兴复汉室”的政治目标，他历尽坎坷，尽心竭力，慎始全终。刘备在世时，他为之奔走效劳，刘备死后，他总揽军政大权，更加兢兢业业，终日操劳。

当时，他大权在握，刘备又留下“君可自取”和“事之如父”的遗命，但他从不以相父自居，凡事都上表奏请，处处不失君臣之礼，毫无取而代之的野心。在封建社会中，为争夺皇位，父子、兄弟、君臣相互残杀的事件层出不穷。而诸葛亮在皇位唾手可得的情况下，自觉约束，鞠躬尽瘁，死而后已，他宁静淡泊的情操使后世臣子难以企及。袁准评论说：诸葛亮“受六尺之孤，摄一国之政，事凡庸之君，专权而不失礼，行法严而人悦服，用民尽而下不怨，行君事而人不疑，如此即以为君臣百姓之心欣戴之矣”。他的赤胆忠心，赢得了蜀国上下的信赖和尊敬。这正是“其身正而天下归之”的典型表现。

在辅佐刘禅的十多年里，他出将入相，日理万机，南征北伐，知难而进，追求执着，百折不挠，直到殒身于五丈原军中，“出师未捷身先死，长使英雄泪满襟”，让无数英雄豪杰感怀不已。

刘备的托孤，收到了奇效。诸葛亮不但没有像司马懿那样抢班夺权，反而忠贞无贰、以死相报，完成了复兴汉朝江山的愿望。自古以来，像诸葛亮这样始终忠贞不贰，忠心耿耿，鞠躬尽瘁，死而后已的人可以说绝无仅有。也只有刘备，能得到诸葛亮这样的忠心臣子。